LA COLLECTION TRAITEMENT NATUREL

De plus en plus de gens dans le monde sont victimes de maladies que la médecine moderne, malgré son développement technique, semble souvent incapable de prévenir ou de guérir. Donc, de plus en plus de gens se tournent vers la médecine «naturelle» en quête de réponses. La collection *Traitement naturel* a pour but d'offrir un guide clair, pratique et fiable pour les traitements disponibles les plus sûrs, les plus doux et les plus efficaces, de façon à ce que ceux qui souffrent et leurs familles reçoivent l'information nécessaire leur permettant de faire leur propre choix à propos des traitements les plus appropriés.

Arthrite et rhumatisme

© Copyright Pat Young, 1995
Publié initialement en anglais par Element Books Limited,
sous le titre *The Natural Way: Arthritis & Rheumatism*

Version française publiée chez
Les Éditions Modus Vivendi
C.P. 213, Dépôt Sainte-Dorothée
Laval (Québec) Canada
H7X 2T4

Traduit de l'anglais par: Johanne Forget
Design et illustration de la couverture: Marc Alain
Infographie: Marise Pichette

Dépôt légal, 1er trimestre 1998
Bibliothèque nationale du Québec
Bibliothèque nationale du Canada
Bibliothèque nationale de Paris

ISBN: 2-921556-45-6

COLLECTION TRAITEMENT NATUREL

Arthrite et rhumatisme

Pat Young

Consultants médicaux de la collection
Dr Peter Albright, m.d. et Dr David Peters, m.d.

Approuvé par
l'AMERICAN HOLISTIC MEDICAL ASSOCIATION
et la BRITISH HOLISTIC MEDICAL ASSOCIATION

MODUS VIVENDI

Table des matières

Illustrations

Remerciements

À mon cher ami Freddie Phillips, dont le père, Francis Phillips, est mort des conséquences d'un traitement pour la polyarthrite rhumatoïde.

Introduction

Au Royaume-Uni seulement, environ vingt millions de personnes sont atteintes d'une quelconque forme de maladie rhumatismale, et ce chiffre reflète la situation mondiale. Il s'agit de la plus importante cause d'invalidité, et elle atteint gravement près du tiers des personnes qui en souffrent en Angleterre, c'est-à-dire entre sept et huit millions de personnes.

Le terme «maladie rhumatismale» englobe environ 200 différents types d'arthrite et de rhumatisme, et parmi ceux-ci les deux formes les plus répandues sont l'arthrose, maladie dégénérative, et la polyarthrite rhumatoïde, maladie inflammatoire. Les deux affectent les articulations et, comme toutes les formes d'arthrite, peuvent causer des douleurs irréductibles et entraîner des incapacités sévères à leur stade le plus avancé.

Malgré la quantité de recherches accomplies, la science médicale n'a pas encore découvert la cause de l'arthrite inflammatoire, et il n'existe par conséquent pas de cure pour celle-ci. L'arthrose est causée par l'usure des articulations, mais on ignore encore pourquoi certaines personnes sont plus sujettes que d'autres à la dégénérescence des articulations.

Bien que la chirurgie, par le remplacement des articulations malades, peut désormais procurer un soulagement presque miraculeux de la douleur et de l'incapacité, les risques et les effets secondaires du traitement médicamenteux des maladies rhumatismales sont souvent supérieurs aux avantages. Il n'est pas étonnant que les personnes qui souffrent de maladies rhumatismales se tournent vers la médecine naturelle, où les traitements sont appliqués en douceur et ne présentent pas d'effets secondaires.

J'ai moi-même commencé à m'intéresser aux médecines naturelles à l'occasion d'un voyage d'étude du système de santé en Chine que j'ai entrepris en 1977, alors que je travaillais pour le magazine *Nursing Mirror*. Nous avons observé comment la médecine chinoise traditionnelle, principalement l'acupuncture et la phytothérapie, était pratiquée de concert avec la médecine occidentale, de sorte que les patients pouvaient bénéficier des avantages des méthodes anciennes et modernes.

Il est rassurant de savoir que la médecine occidentale conventionnelle reconnaît maintenant les mérites des méthodes de traitement soi-disant non conventionnelles ou naturelles, et que les deux branches de la médecine commencent à travailler plus fréquemment ensemble dans une reconnaissance et un respect mutuels. Cela ne peut qu'être bénéfique pour les patients.

En combinant l'information sur les traitements que la médecine conventionnelle et la médecine naturelle peuvent offrir aux personnes qui ont le malheur de souffrir d'une maladie rhumatismale quelconque, nous espérons que le présent livre élargira l'éventail des choix qui s'offrent à elles et les aidera de modeste façon à résoudre leurs problèmes.

Pat Young

CHAPITRE 1

Que sont l'arthrite et le rhumatisme?

Qu'est-ce qui les distingue et qui en est atteint

Combien de personnes, quand leur dos les fait souffrir ou que leurs articulations sont raides et douloureuses et qu'elles ne veulent pas en faire tout un plat, vous disent: «Ce n'est qu'un peu de rhumatisme»? Le terme «rhumatisme» est utilisé d'une manière générale pour désigner des douleurs dont nous ignorons la cause, tandis que le mot «arthrite» a une connotation beaucoup plus spécifique. C'est cela, en fait, qui les différencie.

Le mot rhumatisme est un terme général utilisé par les profanes pour décrire toute douleur associée à ce qu'on appelle le «système musculo-squelettique»: les muscles, les tendons, les os et les articulations qui forment la structure de notre corps. L'arthrite, par contre, désigne spécifiquement les maladies qui affectent les articulations, qu'elles soient inflammatoires, comme dans le cas de l'arthrite rhumatoïde, ou dégénératives, comme dans le cas de l'arthrose. L'expression «maladies rhumatismales» est le terme médical qui désigne toutes les maladies qui affectent le système musculo-squelettique.

Il existe environ 200 différents types de maladies rhumatismales, incluant de nombreux types d'arthrite. Celles-ci peuvent affliger des personnes de tous âges, de neuf mois à quatre-vingt-dix ans, quoique certains types peuvent attaquer certains groupes d'âge particuliers et sont plus communs chez l'un ou l'autre sexe.

Pour des raisons d'exactitude et de simplicité, les maladies qui affectent les articulations seront ici regroupées sous la rubrique «arthrite», et celles qui affectent les autres éléments du système musculo-squelettique, sous la rubrique «rhumatisme».

L'arthrite:

Les formes d'arthrite les plus répandues

- la polyarthrite rhumatoïde
- l'arthrose
- la goutte
- la spondylarthrite ankylosante
- le lupus érythémateux disséminé
- l'arthrite chronique juvénile
- le rhumatisme psoriasique
- l'arthrite réactionnelle

Il y a deux principaux types d'arthrite: l'arthrite inflammatoire et l'arthrite dégénérative. Dans le cas de l'arthrite inflammatoire, les tissus qui entourent l'articulation deviennent enflammés et gonflés, et souvent l'articulation elle-même est atteinte. Dans le cas de l'arthrite dégénérative, le cartilage, qui protège les extrémités des os, et éventuellement la surface des os elle-même sont rongés par l'effort excessif ou par l'usure entraînée par le vieillissement. Les formes d'arthrite les plus répandues sont la polyarthrite rhumatoïde (inflammatoire) et l'arthrose (dégénérative).

La polyarthrite rhumatoïde

De toutes les maladies, la polyarthrite rhumatoïde est l'une des plus courantes. Environ un pour cent de la population mondiale est susceptible d'en être atteinte à un moment ou un autre, et les risques sont de deux à trois fois plus élevés pour les femmes que pour les hommes. La maladie peut se manifester à tout âge, de neuf mois à quatre-vingt-dix ans, mais les femmes en sont souvent atteintes pendant leur période de procréation, entre vingt et trente ans, ou dans la cinquantaine, quand elles atteignent le stade de la ménopause.

Les signes et les symptômes

Les premiers signes de la polyarthrite rhumatoïde sont la douleur et l'enflure des articulations, habituellement des doigts et des poignets, mais parfois des pieds, des épaules, des coudes, des genoux et même de la mâchoire. Souvent les mêmes articulations dans les deux bras ou les deux jambes, par exemple, sont atteintes en même temps. Les articulations sont particulièrement rigides et douloureuses le matin. La rigidité s'atténue généralement après une heure environ et disparaît pendant la journée, mais elle est susceptible de revenir la nuit. Très souvent, le malade ne se sent pas bien et est fiévreux.

La polyarthrite rhumatoïde est une maladie imprévisible. Elle peut se manifester soudainement ou se développer graduellement, durer pendant une période de temps indéfinie et disparaître de manière inattendue, puis revenir parfois de façon tout aussi inattendue. Sa gravité peut également varier. Elle peut être bénigne et facile à soulager; dans ce cas, une aspirine à l'occasion suffit à apaiser la douleur. Elle peut être modérée, avec des phases actives aiguës épisodiques, et il est alors possible de la maîtriser grâce à des médicaments et d'autres méthodes de traitement physique. Elle peut enfin être grave, causer des douleurs considérables, déformer les articulations qu'elle atteint et rendre le malade très handicapé.

Heureusement, seulement 10 pour cent des cas de polyarthrite rhumatoïde sont graves. La majorité (60 pour cent) se situent dans la catégorie «modérée», tandis que les autres 30 pour cent sont des cas bénins.

L'arthrose

L'arthrose est une maladie dégénérative de longue durée. Alors que le suffixe «ite» indique une maladie de nature inflammatoire, le suffixe «ose» désigne une maladie «chronique». (L'adjectif chronique signifie que la maladie est dégénérative et de longue durée, contrairement au mot aigu, qui qualifie une maladie subite et de courte durée.)

Comme la polyarthrite rhumatoïde, l'arthrose est une maladie très répandue. On estime qu'en Angleterre, environ cinq millions de personnes en souffrent, bien qu'elles n'éprouvent pas toutes des douleurs et que dans bien des cas, les changements dans les articulations ne se voient qu'à la radiographie.

L'arthrose affecte surtout les personnes âgées, car leurs articulations sont usées par une utilisation soutenue pendant de nombreuses années et peuvent éventuellement présenter des signes de dégénérescence. L'arthrose commence généralement à se manifester vers l'âge de cinquante ans, mais des personnes plus jeunes peuvent également en être atteintes, particulièrement celles qui sont très actives physiquement et soumettent leurs articulations à des efforts importants, comme les sportifs, les athlètes et les danseurs. L'arthrose peut par ailleurs être la conséquence d'une blessure à une articulation. Les femmes en sont légèrement plus atteintes que les hommes.

Les signes et les symptômes

L'arthrose apparaît rarement de manière soudaine. Habituellement, elle se manifeste de façon graduelle sous forme de douleur tenace dans une articulation. Les articulations qui doivent supporter le poids de la personne sont les plus souvent touchées: les hanches, les genoux, parfois les chevilles et les pieds, particulièrement l'articulation à la base du gros orteil.

Contrairement à la polyarthrite rhumatoïde, l'arthrose n'attaque qu'une articulation à la fois, et la personne qui en souffre ne se sent ni malade, ni fiévreuse. La douleur est généralement plus accentuée après un exercice et à la fin de la journée. Les articulations des doigts et celles qui se trouvent à la base du pouce sont fréquemment affectées chez les femmes, et de petits accroissements osseux ou nodules peuvent se former autour des articulations situées au bout des doigts. On les appelle «nodosités d'Heberden», du nom du docteur William Heberden, qui fut le médecin de George III et qui fut le premier à décrire ces nodosités. Les articulations de la colonne vertébrale (*les vertèbres*) sont également vulnérables à l'arthrose.

La douleur et la raideur sont généralement peu sévères, et l'*analgésique* (médicament anti-douleur) le plus souvent recommandé est le *paracétamol*. Il est également important que les muscles et les tendons qui supportent l'articulation demeurent en bon état grâce à des exercices appropriés. La natation est le meilleur exercice pour les personnes qui souffrent d'arthrose, parce que l'eau allège le corps, de sorte que les membres atteints peuvent être soumis à des exercices plus librement que sur la terre ferme.

L'arthrose devient grave si le cartilage qui protège les extrémités des os est complètement rongé et que les os commencent à frotter les uns contre les autres. Le tissu qui entoure l'articulation devient enflammé par de petites excroissances osseuses autour de l'articulation, ce qui rend les mouvements douloureux et difficiles. La douleur peut être aiguë et soudaine quand l'articulation est en mouvement, ou elle peut être profonde et persistante. L'articulation peut se déformer, ce qui cause une incapacité considérable, et dans ces cas il peut devenir nécessaire de remplacer l'articulation malade par une articulation artificielle.

La goutte

Deux éminents rhumatologues britanniques, le professeur Malcolm Jayson et le docteur Allan Dixon, ont décrit la goutte comme une maladie de «snobs», parce qu'elle est plus fréquente chez les personnes riches, prospères, énergiques et intelligentes! Pour illustrer leur affirmation, ils citent l'exemple des Maoris, en Nouvelle-Zélande: quand ceux-ci ont délaissé leur nourriture traditionnelle composée de poissons et de légumes au profit d'une diète occidentale faite de boeuf, de pain, de sucre et de produits laitiers, ils ont commencé de façon alarmante à prendre du poids, à être atteints de diabète et de maladies coronariennes, et surtout à souffrir de la goutte.

La vieille croyance selon laquelle la goutte est causée par une consommation excessive de porto et de faisan est toutefois erronée. La goutte résulte d'un excès d'acide urique dans le sang, qui entraîne la formation de cristaux pointus dans les articulations — particulièrement dans l'articulation du gros orteil — et les rend atrocement douloureuses. Ces cristaux peuvent également apparaître sous la peau, parfois dans le lobe de l'oreille, et ressemblent à de petits boutons blancs.

Les aliments qui augmentent le taux d'acide urique dans le sang, comme le foie, les rognons, les ris de veau ou d'agneau, devraient être évités, et la viande et l'alcool devraient être consommés avec modération, car l'excès peut provoquer une attaque. Bien que la goutte soit très répandue, particulièrement chez les hommes, elle peut être efficacement contrôlée au moyen de médicaments anti-inflammatoires, et il est rare que l'articulation atteinte soit endommagée.

Une fois que l'inflammation est maîtrisée, un autre médicament, l'*allopurinol* par exemple, est généralement prescrit pour contrôler le taux d'acide dans le sang.

La spondylarthrite ankylosante

La spondylarthrite ankylosante est une forme d'arthrite inflammatoire qui affecte principalement les jeunes hommes. Le mot «ankylose» signifie raideur, et «spondylarthrite» signifie affection des vertèbres, donc la personne atteinte de spondylarthrite ankylosante a le dos raide et douloureux.

Généralement, la spondylarthrite ankylosante commence dans le bas du dos, où les articulations qui relient le pelvis et la colonne deviennent enflammés. Tandis que la maladie progresse, l'inflammation peut s'étendre vers le haut à la colonne et vers le bas aux articulations des hanches et des genoux. Aux premiers stades de la maladie, la douleur s'accentue de façon notable la nuit, mais plusieurs hommes ont constaté que la douleur, quand elle devient intolérable au petit matin, peut être soulagée par des exercices (par exemple en se penchant jusqu'à toucher ses orteils). Parfois, les yeux deviennent enflés et injectés de sang, et un traitement immédiat est essentiel pour prévenir des dommages permanents.

Habituellement la maladie suit son cours et peut s'étendre sur une période de cinq à vingt ans, mais dans des cas exceptionnels elle empire graduellement, jusqu'à ce que le dos du malade devienne si raide que celui-ci peut à peine se pencher ou se tourner. Dans les cas très graves, la colonne se déforme, ce qui entraîne une incapacité importante.

Le lupus érythémateux disséminé

Les jeunes femmes sont les principales victimes du lupus érythémateux disséminé, qu'on appelle souvent LED. Il s'agit encore ici d'une forme d'arthrite inflammatoire, qui peut affecter différentes parties du corps. Les symptômes sont très semblables à ceux de la grippe: fièvre, fatigue, douleurs articulaires et musculaires. Le nom reflète certains des symptômes: disséminé signifie que le mal est répandu dans tout le corps, lupus (le nom latin du loup) décrit le rash sur le visage, dont on dit qu'il ressemble à une morsure de loup, et érythémateux (du nom érythème ou rougeur) décrit l'inflammation cutanée.

Le lupus érythémateux aigu disséminé peut être difficile à diagnostiquer, parce que ses symptômes ressemblent à ceux de nombreuses autres maladies. Il peut se manifester et disparaître par alternance pendant plusieurs années, et cesser soudainement de lui-même. L'exposition au soleil peut réveiller le lupus, de même que la grossesse. Heureusement, quoique les articulations soient sujettes à l'inflammation, celle-ci leur cause rarement des dommages permanents.

L'arthrite chronique juvénile

Aussi étonnant que cela puisse paraître, les enfants peuvent être affectés par l'arthrite autant que les adultes. Au Royaume-Uni — et probablement dans le monde entier — un enfant sur mille souffre d'arthrite, généralement entre un an et quatre ans.

Il y a trois différentes formes d'arthrite juvénile.

• *L'oligo-arthrite rhumatismale.* Il s'agit du type le plus répandu. Elle commence à l'âge de deux ou trois ans, dure plusieurs années, et seules quelques articulations sont enflées et douloureuses.

L'enfant ne se sent généralement pas malade, mais les yeux peuvent être atteints, alors il est prudent de lui faire subir des examens régulièrement.

• *La polyarthrite.* Elle peut commencer à n'importe quel âge, même à partir de quelques mois; elle affecte plusieurs articulations, et s'étend habituellement rapidement d'une articulation à l'autre. L'enfant qui souffre de polyarthrite se sent généralement fiévreux et malade, et peut également avoir une éruption.

• *La maladie de Still.* Cette maladie porte le nom du docteur George Frederick Still, qui l'a identifiée alors qu'il travaillait au célèbre *Great Ormond Street Hospital for Sick Children* à Londres. Elle atteint principalement les enfants de moins de cinq ans et cause de la fièvre, des éruptions, des douleurs articulaires, des inflammations des ganglions, de l'anémie, et d'autres complications.

L'arthrite juvénile cesse généralement après quelques années, et les enfants qui en ont souffert finissent par vivre une vie parfaitement normale sans que trop de dommages n'aient été causés à leurs articulations. Mais pendant qu'ils ont la maladie, il faut les aider à vivre une vie normale, à continuer d'aller à l'école et à jouer avec leurs amis. L'exercice leur est très bénéfique, surtout la natation.

Le rhumatisme psoriasique

Le psoriasis est une maladie de la peau répandue qui affecte environ deux pour cent de la population du Royaume-Uni. Il s'accompagne parfois d'une forme d'arthrite inflammatoire qui affecte habituellement la colonne vertébrale ou les articulations aux extrémités des doigts et des orteils, et parfois aussi les genoux.

Certaines personnes qui souffrent de rhumatisme psoriasique sévère peuvent avoir les articulations très déformées, mais normalement la maladie n'entraîne pas de handicap sérieux, et la plupart des gens la supportent bien.

L'arthrite réactionnelle

L'arthrite réactionnelle est également appelée *syndrome de Reiter*, et parfois, plus justement, *maladie de Brodie*. En 1916, le docteur Hans Reiter a décrit le cas d'un officier de cavalerie allemand atteint d'arthrite aiguë, accompagnée d'une inflammation des yeux et d'écoulements du pénis, mais un Anglais, Sir Benjamin Brodie, avait déjà décrit la même combinaison de symptômes en 1818.

La maladie peut apparaître en réaction à une infection transmise sexuellement, ou en réaction à une infection intestinale. Dans les deux cas les symptômes, qui comportent inflammation et ulcération, sont désagréables. L'inflammation affecte généralement les articulations des pieds et des genoux, mais peut affecter la colonne vertébrale et les bras.

Le rhumatisme

Le terme «rhumatisme» recouvre toutes les douleurs affectant ce qu'on appelle les «tissus mous» ou «tissus conjonctifs» du corps: les muscles, les tendons, les ligaments et toutes les parties charnues qui font bouger les os et les articulations, les relient entre eux et les supportent. Les sensations de douleur dans les tissus mous peuvent être causées par des foulures ou des entorses, par un effort excessif, par une inflammation directe, par l'obésité; ce ne sont là que quelques-unes des causes des douleurs rhumatismales générales. Il y a cependant une demi-douzaine de pathologies rhumatismales spécifiques qui méritent d'être abordées, parce qu'elles sont répandues et très pénibles.

Les formes de rhumatisme les plus répandues
- la fibromyalgie
- le mal de cou
- le mal de dos
- la douleur à l'épaule
- la bursite
- le syndrome du canal carpien
- la pseudopolyarthrite rhizomélique (rhumatisme inflammatoire des ceintures)

La fibromyalgie

La fibromyalgie est un nouveau terme pour désigner la «fibrosite» et le «rhumatisme musculaire», qui sont bien connus. Il s'agit simplement de douleur et de sensibilité dans les tissus fibreux. Elle affecte dans la plupart des cas les épaules et le cou, mais elle peut être ressentie entre les omoplates, dans les épaules, le bas du dos, les hanches et les genoux. La personne qui souffre de fibromyalgie est également susceptible d'éprouver de la fatigue et de manquer d'énergie. Des recherches ont démontré que les gens qui dorment mal sont sujets à la fibromyalgie — et qui ne s'est jamais réveillé avec le cou raide après une nuit de sommeil agité?

Le mal de cou

La sensation continue de douleur et de raideur dans le cou est généralement causée par une maladie appelée «spondylose cervicale», qui est due à l'usure des vertèbres et des disques intervertébraux du cou. Il y a sept vertèbres dans le cou, les vertèbres cervicales, au sommet des vingt-quatre vertèbres qui forment la colonne vertébrale. Entre chaque paire de vertèbres se trouve un disque de cartilage qui joue un rôle d'amortisseur: ce sont les disques intervertébraux. Chaque disque est constitué d'un noyau central gélatineux entouré d'une puissante couche de fibres.

Si le disque intervertébral s'use et rétrécit, il ne maintient plus les vertèbres séparées, et pour se protéger, celles-ci peuvent former des franges osseuses qui font une pression sur les racines des nerfs à l'endroit où ils rejoignent la moelle épinière. Cela cause des douleurs aiguës dans le cou, qui peuvent se transmettre à l'épaule et au bras. Il peut également y avoir une sensation de picotement et d'engourdissement dans les doigts.

Le mal de cou peut évidemment avoir d'autres causes, comme le coup de fouet cervical antéro-postérieur provoqué par un accident de voiture, la mauvaise posture, ou l'effort intense imposé aux muscles du cou (comme quand on repeint un plafond). Des céphalées par tension nerveuse peuvent également résulter d'une tension excessive des muscles cervicaux.

Le mal de dos

Selon le Conseil de l'arthrite et du rhumatisme du Royaume-Uni, environ deux millions de personnes consultent leur médecin chaque année à propos de douleurs dans le bas du dos, et le mal de dos coûte à l'économie environ trente millions de jours de maladie par an. La plupart des douleurs dans le bas du dos sont dues à une entorse ou à l'usure des muscles ou des ligaments de la colonne vertébrale.

Une petite proportion seulement des cas de mal de dos sont dus à la fameuse «hernie discale». L'hernie se produit quand la fibre qui entoure le noyau gélatineux se fissure et permet au noyau de faire saillie et de comprimer une racine nerveuse.

Les vertèbres spinales peuvent également dégénérer à cause de l'usure et former des franges osseuses qui compriment les racines nerveuses et causent des douleurs intenses susceptibles de s'étendre à la jambe par la voie du nerf sciatique. C'est une des causes de la *sciatique*.

La douleur à l'épaule

La cause la plus fréquente des douleurs à l'épaule est l'inflammation des tissus qui supportent l'articulation: les muscles et les tendons. Cette inflammation peut être causée par un effort excessif ou par une blessure. La douleur à l'épaule peut également être provoquée par une inflammation de la capsule articulaire (le tissu qui enveloppe directement l'articulation). C'est ce qu'on appelle communément «l'épaule bloquée», parce que le mouvement est difficile à cause de la douleur et de la raideur. La douleur et l'enflure peuvent s'étendre au bras et à la main.

La bursite

Il se trouve près de chaque articulation, une ou plusieurs *bourses séreuses*. Il y en a soixante-dix-huit de chaque côté du corps. Quelques-unes sont très petites et quelques-unes peuvent mesurer jusqu'à 75 millimètres de large. Les bourses séreuses sont de petites poches de tissu qui servent de coussins entre l'articulation et les muscles et tendons qui l'entourent. Elles peuvent devenir rugueuses, douloureuses et enflammées et s'emplir de liquide à la suite d'une friction excessive: c'est la bursite. Elle peut se dissiper en quelques semaines, cela peut prendre jusqu'à un an, mais c'est une maladie spontanément résolutive, c'est-à-dire qu'elle guérit d'elle-même avec le temps.

Le syndrome du canal carpien

Le syndrome du canal carpien affecte le poignet, où se trouve un canal — *le canal carpien* — à travers lequel passent les tendons du bras pour se rendre à la main. Ce canal est un espace analogue à la bourse séreuse, dont l'intérieur peut s'enflammer, enfler et comprimer les nerfs qui traversent le canal carpien parallèlement aux tendons. Si l'enflure augmente, un engourdissement peut être ressenti à l'index, au majeur, et parfois même à une partie de l'annulaire, et la douleur peut s'étendre dans tout le bras, jusqu'au cou. La douleur peut être particulièrement intense la nuit. Le syndrome du canal carpien est causé par un effort excessif ou une blessure, et une opération mineure est généralement nécessaire pour éliminer la pression exercée sur les nerfs.

La pseudopolyarthrite rhizomélique

La pseudopolyarthrite rhizomélique est une maladie rhumatismale qui affecte les personnes âgées et qui est au moins aussi répandue que la goutte. Parmi les personnes âgées de soixante-cinq ans et plus, une sur cent est susceptible d'en être atteinte, quoique la maladie peut se manifester dès l'âge de cinquante ans.

Le début de la maladie est habituellement soudain. La victime ne se sent généralement pas dans son assiette et éprouve des douleurs dans le cou, le dos, les épaules et les hanches. La raideur s'accentue après une période de repos et est particulièrement marquée le matin, alors qu'il devient extrêmement difficile pour le malade de sortir du lit. Les épaules sont souvent tellement raides que le malade peut à peine lever les bras ou porter ses mains à sa bouche pour boire une tasse de café ou prendre les comprimés qui lui ont été prescrits.

Bien entendu, les personnes qui souffrent de pseudopolyarthrite rhizomélique se sentent fatiguées, déprimées et très conscientes de leur âge avancé, mais normalement la maladie répond merveilleusement bien à un médicament appelé *prednisolone*. La douleur et la raideur diminuent, et le malade se sent rajeunir de vingt ans.

Les causes de la pseudopolyarthrite rhizomélique sont inconnues, et on ignore également pourquoi elle s'accompagne parfois d'une maladie des artères appelée *artérite temporale*, qui peut être sérieuse, parce qu'elle est susceptible de bloquer les artères des yeux et du cerveau et d'entraîner la cécité ou une attaque. Là encore, la prednisolone peut prévenir ces complications.

La pseudopolyarthrite rhizomélique dure habituellement deux ou trois ans et disparaît ensuite spontanément, pour le plus grand soulagement de ses victimes.

CHAPITRE 2

Les os et les articulations

*Comment ils fonctionnent
et pourquoi ils sont importants*

Les os et les muscles

Le système musculo-squelettique est un mécanisme complexe et merveilleux. D'abord, le squelette comprend 206 os, qui sont recouverts et mus par 650 muscles squelettiques.

Les os du squelette (*voir Figure 1*) se divisent en deux groupes principaux: le squelette *axial*, ou l'axe du corps — qui comprend les os de la colonne et du *thorax* (*sternum* ct cage thoracique) — et le squelette *appendiculaire* — qui comprend les os des membres qui y sont rattachés. Au sommet de la colonne se trouve le crâne, lui-même composé de huit os différents.

Il y a trois sortes de muscles:

- les muscles *squelettiques*, qui permettent au corps de se mouvoir volontairement;
- le muscle *cardiaque*, limité au coeur;
- les muscles *lisses*, tels ceux situés dans l'intestin.

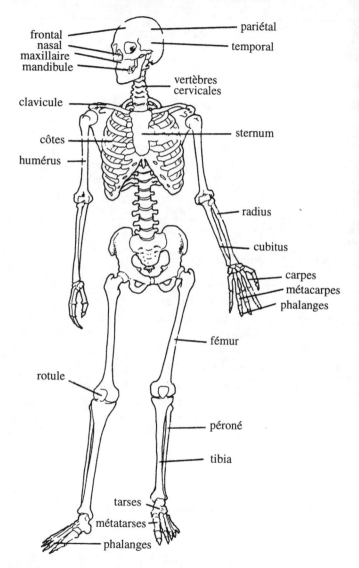

Figure 1 Le squelette humain

Le rôle des muscles squelettiques est de permettre aux os et aux articulations de bouger quand le cerveau leur dit de le faire. La Figure 2 illustre comment les muscles font bouger l'articulation. Ils travaillent généralement par paires, l'un se contractant tandis que l'autre se décontracte.

La plupart des muscles unissent un os à un autre. À leur point d'«origine», ils sont attachés à un os qui ne bouge pas; à leur point d'«insertion», ils sont attachés par un tendon à un os qui bouge. Le tendon est l'extrémité du muscle, qui se rétrécit pour rencontrer l'os.

Les articulations

Les articulations elles-mêmes sont des structures complexes. Il existe plusieurs types d'articulations qui accomplissent divers mouvements et diverses fonctions.

- *Les articulations fortes* sont situées entre les os du crâne. À la naissance, les huit os du crâne ne sont pas liés ensemble, mais à mesure que l'enfant grandit les os se soudent et le crâne devient rigide.
- *Les articulations semi-mobiles* sont celles de la colonne vertébrale. La colonne est composée de vingt-quatre os appelés vertèbres — sept dans le cou (*les vertèbres cervicales*), douze derrière le thorax (*les vertèbres dorsales*), cinq dans le bas du dos (*les vertèbres lombaires*); sous elles se trouve une pièce osseuse appelée le sacrum, puis à l'extrémité, une autre appelée le coccyx. Le *sacrum* est relié au *pelvis* par les *articulations sacro-iliaques*, et il y a des articulations qui permettent à d'autres os, comme le crâne et les

côtes, de rencontrer la colonne. La Figure 3 montre un diagramme de la colonne.

- *Les articulations mobiles* sont celles qui donnent aux membres leur mobilité et celles qui relient les membres au corps; elles doivent bouger de diverses façons pour accomplir leurs fonctions in-

---

Les types d'articulations et leurs mouvements

- les *charnières*, qui bougent dans un sens — ex. les doigts et les coudes
- les *articulations en selle*, qui bougent dans deux sens — ex. les chevilles
- les *énarthroses*, qui bougent dans tous les sens — ex. les hanches et les épaules
- les *articulations condyliennes*, qui bougent dans un sens, mais pivotent également et prennent une position fixe — ex. l'articulation du genou
- les *articulations ellipsoïdales*, qui plient et ont un mouvement circulaire, mais ne pivotent pas — ex. entre les doigts et la paume de la main
- les *articulations trochoïdes*, qui pivotent seulement — ex. entre la tête et le cou
- les *articulations arthrodiales*, dont les surfaces sont plates et qui bougent les unes contre les autres — ex. les articulations entre les côtes et les vertèbres dorsales. On peut entre autres classifier les articulations en trois groupes distincts: les articulations fortes, les articulations mobiles, et les articulations semi-mobiles, qui forment un groupe intermédiaire, parce qu'elles sont fortes, mais ont besoin de bouger un peu.

Muscle contracté

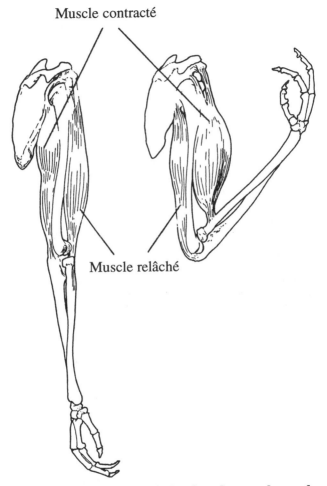

Muscle relâché

Figure 2 Comment les muscles font bouger le coude

dividuelles. Certaines, comme les charnières, ne bougent que dans un seul sens; d'autres bougent dans deux sens, ou dans tous les sens, et d'autres encorc doivent se plier et pivoter, ou pivoter et

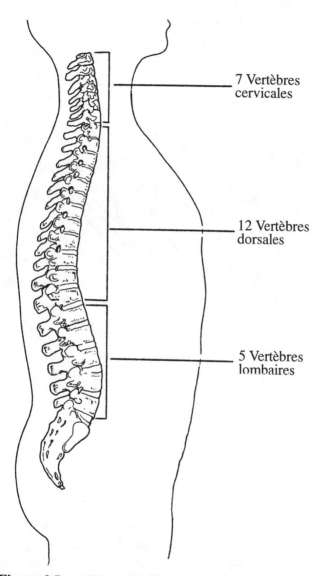

7 Vertèbres
cervicales

12 Vertèbres
dorsales

5 Vertèbres
lombaires

Figure 3 La colonne vertébrale

prendre une position fixe. Finalement, il y a des articulations qui se meuvent les unes contre les autres.

La composition des articulations

Les articulations sont le point où les extrémités de deux os ou plus se rencontrent et s'articulent, ou se meuvent les uns contre les autres. Certaines articulations doivent porter tout le poids du corps. Pour le faire de façon efficace, elles ont besoin d'amortisseurs et de lubrification. Le *cartilage* qui recouvre les extrémités des os, ou qui s'étend entre eux comme un coussin, joue un rôle d'amortisseur, et s'il est endommagé, l'os fabrique un nouveau cartilage pour le remplacer. La lubrification est assurée par un liquide appelé *liquide synovial*, produit par la *membrane synoviale*, qui constitue le revêtement de la capsule articulaire.

Les os qui se rencontrent dans une articulation doivent être maintenus en place par un lien solide, mais flexible: c'est le *ligament*. Les ligaments sont des bandes de tissu fibreux très résistantes qui relient les os entre eux et assurent la stabilité des articulations. Chaque articulation a plusieurs ligaments. Les articulations mobiles sont enfermées dans une capsule de membrane fibreuse recouverte d'une membrane synoviale qui fabrique un liquide épais et collant destiné à lubrifier l'articulation. La Figure 4 montre la structure d'une articulation synoviale normale.

Quand une articulation normale est atteinte d'une forme d'arthrite inflammatoire, comme l'arthrite rhumatoïde, la membrane synoviale devient enflammée, douloureuse et enflée. À mesure que la maladie progresse, du liquide et des cellules s'écoulent de la membrane enflammée, ce qui provoque une usure du cartilage aux extrémités des os. La membrane synoviale épaissit et se répand dans l'articulation, et éventuellement non seulement le cartilage s'effrite, mais également l'extrémité des os (*Figure 5*). L'articulation entière devient alors raide, douloureuse, et peut même se déformer.

L'arthrite dégénérative (comme l'arthrose) affecte directement les os eux-mêmes par usure. D'abord le cartilage s'amincit et s'effrite, puis les os épaississent et se gonflent aux extrémités, formant une frange noueuse qui fait saillie dans la capsule articulaire. Les extrémités des os commencent à frotter les unes contre les autres, les ligaments s'affaiblissent,

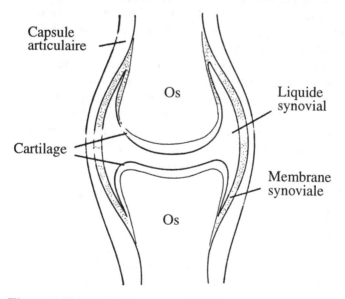

Figure 4 L'articulation normale

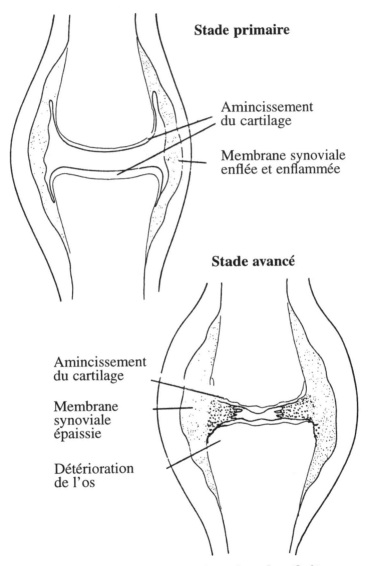

Stade primaire

Amincissement du cartilage

Membrane synoviale enflée et enflammée

Stade avancé

Amincissement du cartilage

Membrane synoviale épaissie

Détérioration de l'os

Figure 5 Une articulation atteinte de polyarthrite rhumatoïde

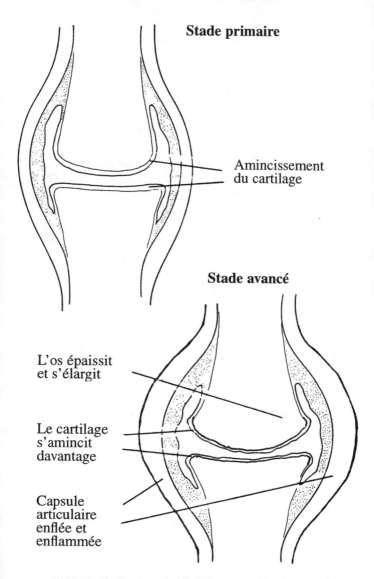

Stade primaire

Amincissement
du cartilage

Stade avancé

L'os épaissit
et s'élargit

Le cartilage
s'amincit
davantage

Capsule
articulaire
enflée et
enflammée

Figure 6 Une articulation atteinte d'arthrose

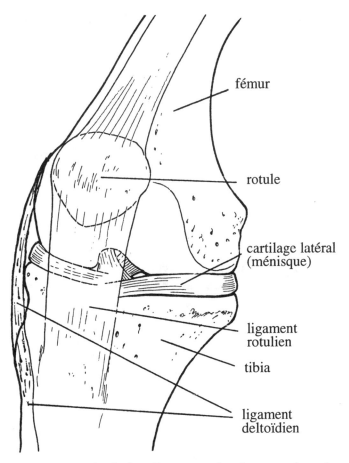

fémur

rotule

cartilage latéral
(ménisque)

ligament
rotulien

tibia

ligament
deltoïdien

Figure 7 L'articulation du genou, la plus complexe du corps humain

la membrane synoviale est enflammée par la friction avec les excroissances osseuses, et le résultat est que l'articulation est très douloureuse et instable (*Figure 6*).

L'articulation synoviale la plus volumineuse et la plus complexe du corps humain est le genou, où le gros os de la cuisse (*le fémur*) se joint aux deux os du bas de la jambe (*le tibia et le péroné*) avec un os supplémentaire, la *rotule* (voir *Figure 7*), sur le devant. L'articulation du genou peut se plier, pivoter légèrement, prendre une position fixe de manière que toute la jambe soit rigide de la hanche à la cheville, et supporter tout le poids du corps pendant que nous sommes debout ou que nous marchons. Ce n'est donc pas étonnant que cette articulation soit particulièrement vulnérable à l'arthrite.

Les articulations semi-mobiles de la colonne

Le dos est tellement souvent affecté par une maladie rhumatismale ou une autre qu'il vaut la peine

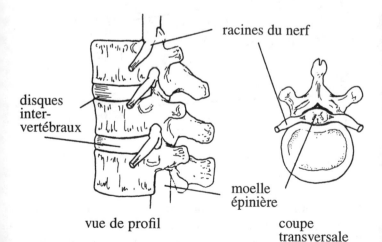

Figure 8 Les os, les articulations et les nerfs de la colonne vertébrale

d'examiner la structure de la colonne de plus près (*Figure 8*). Les articulations entre les vingt-quatre vertèbres doivent être solides, mais également se mouvoir un peu, de sorte qu'elles appartiennent à la catégorie des articulations semi-mobiles.

La surface des vertèbres est recouverte d'un cartilage protecteur, et un disque de cartilage (*ménisque*) sert de coussin ou d'amortisseur entre chaque paire de vertèbres: c'est le disque intervertébral. Il y a un canal à travers lequel passe la moelle épinière, et les nerfs qui transportent les signaux du cerveau au reste du corps, ont leur racines dans la moelle épinière. Les nerfs émergent de leurs racines et s'étendent dans la moelle épinière par de petits trous dans les vertèbres appelés *conduits*; quand ceux-ci sont endommagés par une blessure à la colonne, une paralysie partielle du corps peut en résulter.

La *spondylose cervicale*, qui provoque une douleur intense au cou, est causée par une pression exercée sur la racine d'un nerf par un disque ou une vertèbre rongés par l'usure. La douleur dans le bas du dos peut également être causée par un affaiblissement du revêtement fibreux du disque qui permet au noyau central de se déplacer et de comprimer la racine d'un nerf. C'est l'«hernie», qui nous est familière à tous, et dans ce cas les douleurs affectent généralement la jambe aussi bien que le dos.

CHAPITRE 3

Les causes et les effets de l'arthrite et du rhumatisme

Quels sont les différents types d'arthrite et de rhumatisme, et comment vous affectent-ils

Il y a plus de 200 formes différentes de maladies rhumatismales. Comme il serait impossible de décrire les causes et les effets de chacune d'entre elles en un seul chapitre, nous nous concentrerons sur les trois types d'arthrite et de rhumatisme les plus répandus.

- La polyarthrite rhumatoïde (arthrite inflammatoire)
- L'arthrose (arthrite dégénérative)
- La fibromyalgie (rhumatisme musculaire ou *fibrosite*)

La polyarthrite rhumatoïde

Les causes possibles

Personne ne sait exactement ce qui cause la polyarthrite rhumatoïde, bien que de nombreuses recherches soient en cours au Royaume-Uni et ailleurs dans le monde, et que plusieurs théories aient été formulées. Selon la théorie la plus plausible, le système immunitaire connaît un dérèglement, et les anticorps qui sont normalement produits pour attaquer les infections se dirigent contre le corps lui-même et attaquent plutôt celui-ci dans un processus d'autodestruction. Ce processus est connu sous le nom de *maladie auto-immune.*

On croit également qu'un virus peut causer la polyarthrite rhumatoïde, soit en attaquant directement le revêtement de l'articulation, soit en infectant des cellules normales et en changeant leur couche extérieure à tel point qu'elles deviennent méconnaissables pour les cellules *macrophages,* dont le travail consiste à résister aux envahisseurs inconnus et potentiellement dangereux et à les rejeter.

Ce processus immunitaire entre en jeu, par exemple, dans les cas de transplantation d'organe, où il doit être contrôlé par des médicaments spéciaux (connus sous le nom d'*immunosuppresseurs*), pour prévenir le rejet de l'organe du donneur. Dans le cas de la polyarthrite rhumatoïde, on croit que les cellules qui se trouvent dans la membrane synoviale sont modifiées par un type de virus particulier, appelé *rétrovirus,* et qu'elles deviennent la cible d'attaques. Le rétrovirus peut être inactif pendant des années et être mis en activité par une autre infection virale.

Selon une autre théorie, la polyarthrite rhumatoïde peut être transmise d'une génération à l'autre par un *gène* défectif susceptible de rendre les membres de la famille qui en héritent vulnérables à la polyarthrite rhumatoïde, ou d'avoir une influence sur la gravité de leur état quand ils contractent la maladie.

On sait qu'une certaine protéine décrite comme le «facteur rhumatoïde» peut se trouver dans le sang des personnes atteintes de polyarthrite rhumatoïde, et qu'on peut la détecter au moyen d'une analyse de sang. Cependant, comme cette protéine n'apparaît pas avant que la maladie ne soit bien établie, le test n'est pas très utile sur le plan du diagnostic.

On croit également que l'alimentation peut être un facteur, et que le fait de consommer des aliments particuliers — comme la viande et les dérivés de la viande — peut rendre certaines personnes plus vulnérables. La recherche a démontré que l'adoption d'un régime végétarien peut constituer une mesure préventive, et peut certainement aider à la suppression des symptômes.

Comme pour bien d'autres maladies, un excès de stress peut servir de déclencheur à une attaque de polyarthrite rhumatoïde. On a constaté dans un grand nombre de cas que les symptômes peuvent disparaître avec une rapidité remarquable une fois que la source de tension a été éliminée.

Les effets

Dans le cas de l'arthrite inflammatoire, le problème, par définition, est causé par une inflammation — pas de l'articulation elle-même, mais de son revêtement et du tissu qui l'entoure. Le processus d'inflammation représente pour le corps une réaction de défense à une infection ou à une blessure. L'apport sanguin augmente à l'égard de la partie affectée, pour que le sang puisse fournir plus de globules blancs (*leucocytes*) et ainsi favoriser le processus de guérison.

Les signes classiques de l'inflammation sont la chaleur, la rougeur, la tuméfaction, la douleur et une diminution de fonction. (Celles-ci sont causées par une accélération du flux sanguin et un écoulement dans le sang de substances chimiques de cicatrisation depuis de petits vaisseaux sanguins dans la région affectée, où elles contribuent à la guérison en neutralisant la cause de l'inflammation. Certaines hormones ont pour fonction d'empêcher l'inflammation de se répandre au-delà de la région affectée jusqu'à ce que la guérison soit complétée.)

Dans le cas de la polyarthrite rhumatoïde, les processus de guérison du corps doivent combattre un ennemi difficile et imprévisible. Il peut s'attaquer à une articulation, puis à une autre, et parfois à plusieurs à la fois. Il peut apparaître et disparaître soudainement sans qu'on s'y attende, ou il peut s'installer et commencer à causer des ravages dans les articulations qu'il a choisies.

Les cas bénins. Dans les cas d'atteinte bénigne, qui constituent environ 30 pour cent de tous les cas de polyarthrite rhumatoïde, les articulations des doigts et des poignets sont généralement les premières à devenir douloureuses et à enfler. La douleur et la raideur sont souvent à leur maximum le matin, mais s'atténuent assez rapidement, et le malade peut les soulager avec un simple analgésique (l'acétaminophène, par exemple). À ce stade, seul le revêtement de la capsule articulaire est enflé, l'inflammation peut se résorber en quelques jours ou en quelques semaines, et l'articulation redevient normale. Durant ce temps, le malade peut éprouver un peu de fièvre, mais se sentir assez bien par ailleurs; il jugera sans doute inutile de consulter un médecin.

Les cas modérés. La majorité des cas de polyarthrite rhumatoïde — 60 pour cent — appartiennent à la catégorie «modérée» et dans ces cas, la douleur, l'enflure et la raideur sont plus graves et se prolongent. La maladie peut se manifester soudainement ou graduellement, et elle peut affecter non seulement les articulations des doigts et des poignets, mais également celles des pieds, des épaules, des coudes, des genoux et même de la mâchoire.

Habituellement, les articulations sont particulièrement raides et douloureuses le matin, et bien que la raideur se dissipe durant la journée elle est susceptible de réapparaître la nuit. La personne atteinte se sent généralement malade et fiévreuse, de même que fatiguée, irritable et déprimée.

La douleur peut passer d'une articulation à l'autre, en commençant par les doigts pour se transmettre au poignet, à l'épaule, puis à la cheville ou au genou. Elle peut affecter des articulations parallèles, par exemple les mêmes articulations dans les deux mains, les deux bras ou les deux jambes. Elle peut disparaître complètement de manière inattendue (*rémission*), et reprendre de manière tout aussi inattendue après une période de temps indéfinie (*récidive*).

La polyarthrite rhumatoïde est une maladie imprévisible, aussi bien quant à la fréquence que quant à la sévérité de ses attaques. Les températures froides et humides peuvent l'aggraver et alors, un climat chaud et sec est bénéfique.

Dans les cas d'attaques de polyarthrite rhumatoïde prolongées, la membrane synoviale enflammée épaissit et déborde dans l'interligne articulaire. Un excès de liquide et de cellules coule également dans l'articulation et commence à détruire le cartilage qui recouvre les extrémités des os. Les ligaments qui maintiennent l'articulation en place deviennent enflammés, de même que les tendons qui unissent les muscles aux os (*Figure 5*). L'objectif des traitements médicaux conventionnels est donc de réduire l'inflammation et d'empêcher que l'articulation subisse des dommages sérieux.

L'inflammation peut également se produire sous la peau; on constate alors l'apparition de petits nodules sensibles au toucher. Le plus fréquemment, ces nodules se manifestent sur l'avant-bras, juste sous l'articulation du coude, et dans le bas du dos, dans la région du sacrum. *L'anémie* (un manque de fer dans le sang) peut constituer une complication additionnelle.

Les cas graves. Dans les 10 pour cent de cas vraiment graves, la synoviale (revêtement) enflammée et gonflée, ronge non seulement le cartilage, mais également les extrémités des os eux-mêmes, de sorte que l'articulation est incapable de fonctionner normalement. Les ligaments sont aussi affaiblis et ne peuvent plus maintenir les os en place, et alors toute l'articulation devient instable et déformée. Les malheureuses victimes éprouvent des douleurs intenses, sont très handicapées, et ont besoin d'aide et de support considérables pour vivre une vie à peu près normale.

Le remplacement chirurgical des articulations malades par des articulations artificielles peut procurer au malade un soulagement miraculeux et lui redonner une apparence presque normale.

L'arthrose

Les causes possibles

L'arthrose est encore plus répandue que la polyarthrite rhumatoïde; elle affecte 2,5 pour cent des adultes. Comparativement à la polyarthrite rhumatoïde cependant, cette maladie dégénérative des articulations paraît simple et directe.

Ce n'est pas l'inflammation, mais l'usure qui cause le dommage, soit à cause de contraintes ou d'efforts excessifs, soit à cause du processus de vieillissement. Toutefois, même après plusieurs années de recherches, personne ne sait exactement pourquoi certaines personnes sont plus susceptibles que d'autres de souffrir d'arthrose.

On croit qu'un facteur héréditaire peut expliquer l'arthrose, quoique seuls certains types d'arthrose sont reconnus comme des maladies de famille, comme ceux qui attaquent les mains des femmes d'un certain âge. On croit également que l'arthrose peut affecter une articulation qui a précédemment été endommagée par une blessure ou par un autre type de maladie articulaire.

Le processus de vieillissement lui-même a fait l'objet de nombreuses recherches, et certaines théories ont été formulées sur le pourquoi et le comment du vieillissement. Le biologiste Alex Comfort a proposé la théorie du «vieillissement programmé», selon laquelle les humains, comme les animaux, sont programmés pour devenir des créatures reproductrices: du moment que leur capacité de procréer décline, leur corps commence à vieillir et ils finissent par mourir. D'autres croient que le vieillissement est contrôlé par le *thymus*, une glande qui joue un rôle important dans le fonctionnement du système immunitaire et qui est l'organe du corps humain qui commence à s'atrophier le premier avec l'âge.

Il semble plus que probable que les os et les articulations s'usent avec l'âge, quoiqu'on doive se rappeler l'histoire amusante de ce monsieur de quatre-vingt-dix ans qui consulte son médecin pour une douleur à un genou. Quand le médecin fait observer à son patient: «Ce n'est pas surprenant à votre âge!», le vieil homme réplique: «Pourtant, mon autre genou a le même âge, et il se porte très bien!»

Quoi qu'il en soit, l'arthrose est considérée comme une maladie du vieillissement; elle est en effet plus répandue parmi les personnes âgées de cinquante ans et plus, bien qu'elle puisse commencer à trente ans. Chez les personnes plus jeunes, il est plus probable que l'arthrose soit consécutive à une blessure à l'articulation, ou qu'elle résulte d'un effort excessif imposé à certaines articulations en particulier, par exemple la pratique de la danse, d'un sport, ou d'occupations qui comportent le soulèvement de poids lourds, ou des mouvements répétés d'une articulation donnée.

Les rhumatologues Malcolm Jayson et Allan Dixon, dans leur ouvrage sur l'arthrite et le rhumatisme, mentionnent la «dégradation accélérée» comme autre cause possible de l'arthrose. Ils signalent qu'une articulation peut s'user quand deux parties de celle-ci ne s'adaptent pas correctement, comme c'est souvent le cas de l'articulation de la hanche. Les articulations mal faites, selon eux, sont caractéristiques de certaines familles.

Des changements chimiques ou biologiques dans une articulation peuvent également être à l'origine de sa dégradation, comme dans les cas de dépôts de calcaire dans le cartilage. Cela peut causer une inflammation, endommager la surface de l'os et détruire les propriétés de lubrification du liquide synovial. Même si l'articulation se rétablit, il est probable que la dégradation survienne plus tard.

Les effets

Quand l'articulation commence à se dégrader ou à dégénérer, la douleur au début peut être minime s'il en est. Les principaux symptômes sont la douleur et la raideur, qui se manifestent graduellement, parfois après des années. Comme il n'y a pas d'inflammation de l'articulation, la personne atteinte se sent tout à fait bien. Une seule articulation est affectée à la fois, bien qu'il soit possible que les deux hanches ou les deux genoux commencent à se dégrader simultanément, parce que ce sont des articulations qui supportent le poids du corps. La douleur est généralement plus intense quand l'articulation bouge et à la fin de la journée.

La première partie de l'articulation qui soit affectée est le cartilage qui recouvre les extrémités des os. Celui-ci devient usé et rugueux et peut éventuellement disparaître complètement. L'os essaie de renouveler le cartilage protecteur, mais ne réussit qu'à former de petites excroissances osseuses, appelées *ostéophytes*, autour du bord, tandis que la surface s'aplatit (voir *Figure 6*). Quand l'articulation bouge, les surfaces des os commencent à frotter ensemble, et les ostéophytes irritent la membrane synoviale, ce qui cause l'inflammation de celle-ci. L'articulation devient enflée et chaude, raide et douloureuse.

Les articulations les plus vulnérables à l'arthrose sont celles qui supportent du poids, c'est-à-dire les hanches, les genoux et les pieds, plus particulièrement l'articulation du gros orteil. Assez étrangement, les articulations des chevilles sont rarement affectées. L'articulation très complexe du genou est l'une des principales victimes de l'arthrose.

Parmi les articulations qui ne supportent pas de poids, les plus susceptibles d'être atteintes par l'arthrose sont celles de l'épaule, entre la clavicule et l'omoplate, et celles de la mâchoire, devant l'oreille. Les mains, particulièrement celles des femmes, sont très souvent affectées, et de petites nodosités (appelées nodosités d'Heberden, voir Chapitre 1) se forment autour des articulations des bouts des doigts. Ces nodosités, ou boutons, ne sont généralement pas douloureuses, mais elles constituent une déformation notable. Quand l'articulation à la base du pouce est affectée, cela peut être très agaçant, parce que celle-ci participe à presque tous les mouvements de la main.

Si l'arthrose progresse au point où l'articulation est si raide et douloureuse qu'on ne peut la bouger qu'avec d'énormes difficultés, ou si elle est devenue très instable à cause de l'affaiblissement des ligaments, le remplacement chirurgical de l'articulation malade par une articulation artificielle devrait être envisagé.

La mise au point d'articulations artificielles pour la hanche est l'une des plus importantes découvertes médicales des dernières années, et maintenant le remplacement de l'articulation du genou connaît encore plus de succès et de popularité. Le patient est presque miraculeusement soulagé d'une douleur constante, et il est généralement capable de bouger son membre en deux ou trois jours, et de marcher en deux ou trois semaines.

La fibromyalgie

La fibromyalgie est une forme de rhumatisme très répandue, que l'on appelait autrefois «fibrosite», ou «rhumatisme musculaire». Elle cause douleur et sensibilité aux muscles et aux tendons, mais pas aux articulations. «Fibro» désigne le tissu fibreux, «my» les muscles, et «algie» la douleur. Elle est étroitement liée à l'*encéphalomyélite myalgique*, pénible maladie qui n'a été identifiée que tout récemment, et qu'on appelle parfois «syndrome de fatigue post-virale», parce qu'on croit qu'elle est consécutive à une infection virale.

Les symptômes des deux maladies sont similaires et consistent en douleur, raideur et fatigue des muscles, épuisement et manque d'énergie. Dans le cas de la fibromyalgie, on croit que ces symptômes sont causés par le manque de sommeil.

Des recherches récentes menées au Canada ont démontré que les personnes qui souffrent du syndrome de fibromyalgie ne dorment pas assez profondément. Le sommeil se déroule selon un mode particulier, commençant par environ deux heures de sommeil très profond durant lesquelles les yeux ne bougent pas. Ces deux heures sont suivies de plusieurs heures de sommeil superficiel, qu'on appelle la «période des mouvements oculaires», durant laquelle les yeux bougent avec agitation et continuellement.

Il a été démontré que les personnes qui sont privées de la première phase de sommeil profond sans rêves et qui ne connaissent que les heures de sommeil superficiel avec rêves, sont sujettes à la fibromyalgie. Elles se réveillent fatiguées, et leurs muscles, souvent ceux des épaules et du cou, sont raides et douloureux.

Le syndrome de fibromyalgie peut parfois devenir un cercle vicieux, parce que la douleur musculaire empêche le sommeil profond et réparateur et perpétue le problème du manque de sommeil, qui entraîne la douleur, la raideur et l'épuisement. La dépression est susceptible d'en résulter.

Les médecins peuvent prescrire des médicaments pour cette maladie qui s'auto-entretient, mais la solution véritable réside dans la détermination personnelle.

CHAPITRE 4

Que faire pour améliorer vous-même votre état?

Conseils et suggestions pour prendre soin de vous et vous discipliner

Les personnes qui souffrent d'arthrite ou de rhumatisme disposent de trois moyens principaux pour s'aider. Ce sont:

- le régime alimentaire approprié
- le repos et l'exercice
- l'état d'esprit

Qu'est-ce qui constitue un régime alimentaire approprié?

Conseils diététiques à l'intention des personnes atteintes de la goutte

- Éviter les aliments contenant de la purine, par exemple le foie, les rognons, les ris de veau ou d'agneau, la cervelle, les extraits de viande, les oeufs de poisson, les sardines, les anchois, la blanchaille.
- Boire de trois à trois litres et demi de liquide par jour, incluant de l'eau, du thé, du café et des jus de fruit.
- Ne boire de l'alcool qu'avec modération.

La seule forme d'arthrite qui nécessite une diète spéciale est la goutte, parce qu'elle est causée par un excès d'acide urique dans le sang. Les personnes susceptibles de souffrir de la goutte doivent manifestement éviter les aliments qui font augmenter le taux d'urate, comme le foie, les rognons et les ris de veau ou d'agneau. Maigrir peut également aider à diminuer le taux d'urate, et les boissons alcooliques devraient être consommées avec modération, parce qu'elles peuvent déclencher une attaque.

Les personnes qui souffrent d'autres formes d'arthrite auraient avantage à adopter un régime à faible teneur en gras — c'est-à-dire consommer moins de viande et de produits laitiers — mais si elles éliminent la viande elles doivent s'assurer de compenser par d'autres aliments riches en protéines, comme le poisson, le riz, les noix et les oeufs. Les poissons gras, comme le hareng et le maquereau, sont particulièrement indiqués pour les arthritiques, car il a été démontré que certains types d'huile dans l'alimentation peuvent aider à réduire l'inflammation. Les compléments alimentaires, comme l'huile de foie de morue ou l'huile d'onagre, sont certainement bénéfiques, mais ils doivent être pris sans interruption pendant une longue période de temps pour procurer de réels avantages.

On a prétendu que certains aliments, incluant le miel, l'ail, la gelée royale, le ginseng et le vinaigre de cidre, étaient salutaires pour les arthritiques, mais aucune de ces prétentions n'a été prouvée. Certaines personnes disent que l'extrait de moules vertes de Nouvelle-Zélande soulage leur arthrite, mais les recherches ne l'ont pas confirmé.

Un régime amaigrissant profitera à toute personne arthritique obèse, parce que la perte de poids allégera le fardeau que les articulations douloureuses doivent porter et facilitera les déplacements. En général, cela implique de manger de plus petites quantités, car le corps a besoin de moins d'aliments s'il brûle moins d'énergie qu'autrefois, mais respecter un régime alimentaire équilibré et sain aidera à conserver la forme. Il s'agit donc de manger:

- seulement un peu de sucre, de beurre, de margarine et de gras animal;
- des quantités modérées de viande maigre, de poulet, de poisson, de lait, d'huile, de fromage, de yogourt, de pois et de fèves (légumes secs), de noix et d'oeufs;
- beaucoup de pain entier, de céréales, de pommes de terre et de fruits et légumes frais.

N'oubliez pas que le lait procure le calcium qui fortifie les os, alors ne diminuez pas trop votre consommation de lait.

La polyarthrite rhumatoïde peut-elle être causée par une intolérance alimentaire?

De nombreuses recherches ont été entreprises pour déterminer si certains aliments peuvent provoquer l'arthrite. La théorie selon laquelle la polyarthrite rhumatoïde peut être causée par une réaction aux aliments, de la même façon que la migraine, l'asthme ou certaines maladies de la peau, est convaincante. La seule façon de le découvrir est de suivre une diète d'«exclusion», c'est-à-dire de réduire la consommation des aliments de base au minimum et d'introduire un nouvel aliment par jour et d'être attentif à toute réaction indésirable. Si les symptômes de la polyarthrite rhumatoïde réapparaissent après la consommation de certains aliments, ceux-ci peuvent être exclus du régime alimentaire dans l'avenir. La diète d'exclusion ne devrait toutefois être entreprise que sous la supervision d'un médecin ou d'un diététicien, car il est important de s'assurer du maintien d'une nutrition adéquate.

La recherche concernant les facteurs diététiques se concentre sur la polyarthrite rhumatoïde. Il est peu probable que l'arthrose et les autres formes de la maladie (sauf la goutte) aient un lien avec le régime alimentaire.

Le repos et l'exercice

Quand les articulations sont très enflammées et douloureuses, il est important de leur accorder du repos pour ne pas aggraver l'inflammation par le mouvement. Mais il est également important de faire de l'exercice pour que les articulations demeurent mobiles et les muscles résistants. Dans les cas d'arthrite, il faut trouver l'équilibre qui convient entre le repos et l'exercice.

Le repos

Quand survient une attaque aiguë d'arthrite inflammatoire, le repos est essentiel pour que l'inflammation ait une chance de se résorber, ce qui sera impossible si les articulations affectées sont constamment en mouvement. Le recours aux attelles est parfois nécessaire pour que certaines articulations, comme celles des mains et du poignet, demeurent parfaitement immobiles. On peut se procurer des attelles à la pharmacie du coin, ou auprès du service de consultations externes de l'hôpital de la région: votre médecin de famille peut vous renseigner à ce sujet. Si l'inflammation est généralisée, il peut être nécessaire de garder le lit.

Il ne faut jamais oublier que les articulations qui restent dans la même position pendant longtemps s'ankylosent, et qu'il est plus difficile de les remettre en mouvement. Le fait, par exemple, de placer un oreiller de support sous des genoux douloureux pendant qu'on est allongé dans un lit est très risqué: les articulations ankylosent en position pliée et il peut devenir extrêmement difficile de les déplier à nouveau. Il est donc recommandé de s'étendre à plat, les membres le plus droit possible pour éviter qu'ils ankylosent en une position. Il est bon cependant de bouger les articulations doucement plusieurs fois par jour pendant le repos pour qu'elles demeurent mobiles.

Quand votre inflammation s'est résorbée et que vous êtes de nouveau sur pied, c'est une bonne idée de prévoir une période de repos tous les matins et tous les après-midi. Il est également recommandé de soumettre doucement ses articulations à l'exercice à la sortie du bain ou de la douche, quand elles sont chaudes et plus faciles à bouger. Il s'agit de les soumettre à leur gamme naturelle de mouvements jusqu'à ce qu'elles deviennent douloureuses, en essayant d'augmenter le seuil de la douleur un peu chaque jour.

L'exercice

Il peut être ennuyeux de faire des exercices chaque jour, et cela peut demander une bonne dose d'autodiscipline; c'est pourquoi il importe de se rappeler quels sont les buts que la personne arthritique tente d'atteindre en faisant des exercices régulièrement. Il s'agit:

• de maintenir la mobilité des articulations affectées;
• de raffermir ses muscles;
• de rester de manière générale en forme et en santé.

Quand on demeure assis ou allongé toute la journée sans faire d'exercices, les articulations ankylosent, les muscles s'affaiblissent, il devient de plus en plus difficile de se déplacer sans effort, et on se sent généralement fatigué et frustré. Mais quand on respecte un régime d'exercices quotidiens, la gamme de mouvements des articulations s'améliore, la douleur diminue, on prévient l'ankylose permanente et on se sent beaucoup mieux dans sa peau.

«L'opération dégel». Le docteur Frank Dudley Hart, un éminent rhumatologue, dans un ouvrage sur l'arthrite, a donné au régime quotidien d'exercices pour l'arthrite le nom d'«opération dégel». Il indique par là qu'il s'agit d'empêcher les articulations de devenir raides et diminuées, et il recommande de faire des exercices chaque matin et chaque soir, de préférence après un bain chaud ou une douche.

Les physiothérapeutes sont expérimentés dans la conception d'exercices convenant aux patients souffrant de rhumatismes; vous serez donc avisé de consulter un praticien de votre région ou de demander à votre médecin de vous diriger vers le département approprié de l'hôpital le plus proche, où un thérapeute vous apprendra quels exercices faire à la maison.

Les exercices pour les mouvements articulaires. Ces exercices consistent à soumettre les articulations à leur gamme habituelle de mouvements aussi loin que la douleur le permet: plier ou tendre une articulation charnière, comme celle du genou ou du coude, faire pivoter une énarthrose comme celle de l'épaule ou de la hanche. Il peut être plus facile de faire des exercices pour la colonne, les hanches, les genoux et les pieds en position assise ou couchée, parce qu'alors les articulations ne supportent pas le poids du corps. Faire des exercices dans l'eau est particulièrement bénéfique, pourvu que l'eau soit suffisamment chaude, parce que l'eau supporte le poids et rend les mouvements des articulations plus faciles.

Les exercices pour renforcer les muscles. Ces exercices font simplement travailler vos muscles pour améliorer leur «tonus» ou leur force, afin qu'ils ne s'atrophient pas par inaction. Les muscles, si on ne s'en sert pas, on les perd! Les exercices isométriques — exercices actifs contre la résistance — sont particulièrement utiles pour améliorer le tonus musculaire. Le thérapeute déterminera pour vous un programme d'exercices progressifs, grâce auquel votre corps retrouvera ses fonctions normales.

Si vous ne connaissez pas de thérapeute, ou que vous n'avez pas accès à un département de thérapie physique, l'association nationale de physiothérapeutes pourra vous renseigner sur les programmes d'exercices qui conviennent aux patients arthritiques.

Les exercices pour la bonne forme en général. Le meilleur exercice pour les personnes souffrant de n'importe quelle maladie rhumatismale est la natation, parce que toutes les parties du corps travaillent tandis que l'eau supporte le poids du corps. Marcher d'un bon pas pendant une demi-heure chaque jour est une autre excellente forme d'exercice, de même que faire de la bicyclette. Si vous faites régulièrement de l'exercice au grand air, votre état de santé général sera meilleur et vous pourrez mieux affronter la douleur et les autres problèmes que l'arthrite entraîne inévitablement.

L'état d'esprit

La douleur constante que cause l'arthrite peut être très débilitante. Elle peut troubler le sommeil, et le malade se réveille fatigué, irritable, déprimé et moins apte à faire face aux problèmes. Le stress, nous le savons, peut servir de déclencheur à la polyarthrite rhumatoïde, alors il va sans dire que le stress provoqué par une maladie rhumatismale douloureuse ne peut qu'empirer les choses. Que pouvez-vous faire pour atténuer ou surmonter le stress?

Il existe des méthodes naturelles de traiter l'esprit, aussi bien que le corps, comme vous le verrez au Chapitre 9, mais il importe d'insister sur la valeur de techniques simples de relaxation, comme celles qui suivent.

• Trouvez un endroit tranquille où vous pouvez vous étendre confortablement sur le dos pendant une vingtaine de minutes.

• Chassez de votre esprit toutes les pensées pénibles, et imaginez-vous dans un endroit particulièrement merveilleux — à la campagne ou sur une plage déserte. Imaginez le son des oiseaux et des insectes, ou celui des mouettes et de la mer:

les sons contribuent à créer dans votre esprit un
environnement très tranquille.

- Relaxez tour à tour chacune des parties de votre
  corps — d'abord chaque pied, ensuite toute la
  jambe, puis chaque main et chaque bras, en
  remontant jusqu'au visage et à la tête —
  contractez d'abord les muscles, puis détendez-les
  complètement de façon qu'ils soient inertes.
  Quand vous aurez fini, votre corps vous semblera
  très lourd et impossible à bouger, et si quelqu'un
  soulevait votre bras, par exemple, celui-ci s'af-
  falerait sur le plancher.

- Restez étendu comme cela pendant environ cinq
  minutes, ayant toujours à l'esprit votre lieu idéal
  et les sons que vous avez imaginés, et revenez tout
  doucement à la réalité. Ne vous pressez pas:
  bougez chaque partie de votre corps lentement, et
  quand vous serez prêt à vous relever, vous serez
  étonné à quel point vous vous sentirez détendu,
  dans votre tête et dans votre corps. Votre douleur
  devrait également s'être atténuée.

Il existe des audiocassettes conçues pour favoriser
la relaxation. Renseignez-vous auprès d'une organisation de médecine naturelle de votre région.

Quelques solutions à certains problèmes pratiques

Il est toujours bon d'avoir le sens pratique quand
les problèmes abondent, et il existe plusieurs façons
d'améliorer votre vie quotidienne.

Vous pouvez par exemple vous procurer un
fauteuil très confortable, un fauteuil qui soutient
votre dos et qui est de la bonne hauteur, c'est-à-dire
dans lequel vous pouvez vous asseoir et dont vous
pouvez vous relever sans difficulté. Pourquoi ne pas

vous offrir un nouveau fauteuil muni d'un siège motorisé ou à ressorts assistés, d'accoudoirs rembourrés d'une hauteur qui vous convienne et d'un dossier adapté aux contours de votre colonne? Un fauteuil bien conçu peut faire toute la différence dans votre confort quotidien.

Il vous est peut-être devenu difficile de monter des escaliers. Si vous ne souhaitez pas vous donner le mal de déménager dans un rez-de-chaussée, ou d'installer des toilettes au rez-de-chaussée de votre maison, pourquoi ne pas songer à installer un élévateur? Une gamme d'élévateurs ou de télésièges est généralement en montre dans les centres pour personnes handicapées de la plupart des grandes villes, et certains sont annoncés dans les magazines et les journaux locaux. (Si vous avez des difficultés à obtenir des renseignements, le département d'ergothérapie communautaire ou les services sociaux de votre région devraient être en mesure de vous aider. Votre médecin de famille peut généralement fournir à ces services, une évaluation de vos besoins personnels.)

Vous êtes peut-être un as du jardinage, mais vous commencez à avoir de la difficulté à accomplir les travaux nécessaires pour que votre jardin ne se transforme pas en jungle. Si vous avez du mal à vous pencher pour vous occuper de vos plates-bandes, essayez de relever celles-ci pour que vous puissiez les atteindre facilement en vous asseyant sur un tabouret. Et avez-vous pensé à chercher des outils et de l'équipement spécialement conçus pour les jardiniers qui souffrent d'un handicap?

Si vous avez constaté que votre arthrite nuit à votre capacité de conduire, mais que vous désirez tout de même continuer à conduire le plus longtemps possible, des adaptations spéciales peuvent être apportées à votre voiture pour vous aider.

Les associations concernant l'arthrite et le rhumatisme dans la plupart des pays occidentaux publient de nombreux dépliants et brochures destinés à aider les arthritiques à faire face à leurs problèmes et à comprendre leur maladie. Certaines financent des projets de recherche et soutiennent des équipes de recherche dans les hôpitaux et universités, financent l'engagement de professeurs et d'assistants professeurs en rhumatologie dans les facultés de médecine, et octroient des bourses d'étude pour aider les professions paramédicales à augmenter leurs connaissances et leur expérience dans le traitement des personnes souffrant de maladies rhumatismales.

Le fait de trouver des solutions aux difficultés pratiques de la vie quotidienne peut aider à améliorer l'état d'esprit. Dans le prochain chapitre, nous allons examiner les moyens de faciliter la vie de tous les jours, aux personnes arthritiques à la maison.

CHAPITRE 5

Les supports à la vie quotidienne

Quelques conseils pratiques et instruments utiles

Du fait que l'arthrite peut rendre les articulations douloureuses, raides, difficiles à utiliser, et parfois les déformer de manière permanente, les mouvements normaux que vous effectuez tous les jours — comme vous laver, aller aux toilettes, vous raser, vous habiller, faire la cuisine, les courses, le ménage — peuvent devenir problématiques.

Par exemple, si vous avez de l'arthrite dans les mains, vous pouvez avoir de la difficulté à saisir et à tenir des objets, tandis que, si vous avez de l'arthrite dans la colonne, vous avez peut-être bien du mal à vous pencher. Un des moyens de surmonter vos difficultés est de modifier votre façon de faire les choses et de vous munir d'instruments qui vous faciliteront la vie.

Voici quelques conseils utiles à l'intention des personnes handicapées par l'arthrite ou le rhumatisme.

À la maison

Pour éviter de vous pencher

Si vos prises de courant sont au niveau du sol, faites-les relever à la hauteur de la taille, pour vous pencher le moins possible quand vous avez besoin de les atteindre. Par ailleurs, si vous fixez un panier à votre boîte aux lettres, vous n'aurez pas à vous pencher pour prendre votre courrier sur le paillasson.

Pour éviter de glisser

Assurez-vous qu'il n'y a pas, dans vos revêtements de sol, des accrocs susceptibles de vous faire trébucher. Les petits tapis qui peuvent glisser ou se plisser peuvent être fixés au sol au moyen d'un ruban adhésif spécial. Un éclairage adéquat vous aidera à voir les petits obstacles qui pourraient autrement constituer un danger.

Pour ouvrir les portes

Il peut être difficile, pour une main percluse d'arthrite, de saisir des poignées de porte ordinaires; celles-ci peuvent être remplacées par des poignées à levier que vous pouvez actionner avec votre avant-bras ou votre coude si nécessaire. Les clés peuvent également être difficiles à faire tourner. Essayez de mettre une broche dans le trou à l'extrémité d'une clé de serrure encastrée pour obtenir un effet de levier. Les clés de serrures à barillet peuvent être modifiées pour vous permettre d'avoir une meilleure prise quand vous les faites tourner. Informez-vous auprès d'un serrurier de votre quartier.

Pour monter les escaliers

L'idéal est de pouvoir s'appuyer de chaque côté de l'escalier. Une main courante fixée au mur opposé à la rampe vous procurera un support additionnel et une plus grande sécurité. Les petits escaliers peuvent être couverts d'une passerelle légèrement inclinée. Les escaliers devraient être bien éclairés, et les tapis solidement fixés pour qu'ils ne puissent vous faire trébucher et tomber. Il est également possible de faire installer des élévateurs, comme nous l'avons mentionné au Chapitre 4.

Pour faire votre toilette

Des robinets à levier, plus faciles à tourner, peuvent être adaptés à votre bain et à votre lavabo. Une main courante placée à côté du bain vous aidera à y entrer et à en sortir, et un petit tapis antidérapant au fond du bain le rendra plus sécuritaire. S'il vous est impossible de vous asseoir dans le bain, essayez d'utiliser un siège de bain qui s'appuie sur les côtés du bain et vous permet de vous asseoir dans l'eau à la hauteur qui vous convient le mieux. Il est évidemment plus facile de prendre une douche, alors il vaudrait la peine d'envisager d'en faire installer une si vous n'en avez pas déjà.

Pour aller aux toilettes

Si votre siège de toilettes est trop bas, vous pouvez vous procurer un siège surélevé, qui se place par-dessus le siège ordinaire et qui peut être enlevé quand d'autres personnes veulent utiliser les toilettes. Si vous avez besoin d'un support additionnel pour vous aider à vous asseoir sur les toilettes, il existe un cadre pliant très pratique qui incorpore un siège surélevé et qui se transporte facilement. Les personnes qui doivent se déplacer en fauteuil roulant auront besoin de portes de salle de bain suffisamment larges pour permettre le passage du fauteuil roulant et de mains courantes solides près du siège de toilettes. Un ergothérapeute peut vous conseiller à cet égard.

Pour faire la cuisine

Il est bon que vos surfaces de travail soient à une hauteur qui vous convienne, qu'elles soient toutes à la même hauteur et près les unes des autres, de façon que vous puissiez faire glisser les poêlons, les casseroles, la vaisselle, etc., sans avoir à les saisir et à les soulever. Si vos genoux ou vos hanches sont douloureux, procurez-vous un tabouret assez haut — muni d'un support pour le dos, si possible — pour ne pas toujours être debout.

Vos robinets peuvent être munis de leviers, et cela vaut la peine de communiquer avec les fournisseurs locaux d'électricité ou de gaz pour obtenir des renseignements sur les dispositifs qui peuvent être adaptés aux cuisinières et autres appareils de cuisine pour les personnes handicapées.

Les tablettes d'accès facile, les armoires à portes coulissantes, et les casseroles et poêlons légers vous faciliteront la vie. Par ailleurs, il existe toute une gamme de gadgets de cuisine, de l'ouvre-boîte à l'épluche-légumes, spécialement conçus pour les personnes qui ont des problèmes avec leurs mains.

Pour boire et manger

Si vous avez une mauvaise poigne, il vous paraîtra sans doute plus sûr de prendre les tasses, les verres et les assiettes avec vos deux mains. Les manches de couteaux, de fourchettes, de cuillères seront plus faciles à manipuler s'ils sont recouverts de coussins. Pour les boissons chaudes, les tasses légères et isolées sont idéales. Il existe toute une gamme d'ustensiles conçus pour les personnes handicapées. Informez-vous auprès du centre pour personnes handicapées le plus près de chez vous.

Pour vous habiller

Les mouvements les plus simples qu'on accomplit chaque jour — comme se pencher pour mettre ses bas ou ses chaussettes — peuvent devenir pratiquement impossibles pour les personnes dont les articulations sont douloureuses. Un instrument très simple, le bâton d'habillage, peut résoudre un grand nombre de problèmes. Il s'agit d'un bâton muni d'un crochet à une extrémité, qui permet d'enfiler les vêtements, et d'un embout de caoutchouc à l'autre extrémité, qui permet par exemple de pousser les vêtements par-dessus la tête. Une vieille canne peut être adaptée à cet usage.

Vous pouvez également choisir des vêtements qui sont faciles à mettre et à enlever, comme les chaussures sans lacets. Les robes et les sous-vêtements, comme les soutiens-gorges, qui s'attachent sur le devant sont aussi plus faciles à porter. Finalement, les fermetures en «Velcro» sont une bénédiction pour les personnes qui ont de la difficulté à attacher les boutons. On trouve, dans la plupart des pays, des organismes nationaux pour les personnes handicapées qui sont en mesure d'offrir des conseils pratiques sur tous les problèmes relatifs aux vêtements et des informations sur les instruments conçus pour vous aider à vous habiller et à vous déshabiller.

Les meubles

Le meuble le plus important pour les personnes qui souffrent de n'importe quelle forme d'arthrite ou de rhumatisme est sans doute le fauteuil, comme nous l'avons mentionné au chapitre précédent. Il est important de prendre la peine de chercher celui qui offre le meilleur soutien au corps, dans lequel il est facile de s'asseoir et dont il est facile de se relever. Vous pouvez même vous faire faire sur mesure un fauteuil adapté à vos besoins. Cela peut coûter cher, mais c'est un bon investissement à l'égard de votre confort futur, et vous aurez votre fauteuil bien à vous.

Il est important d'avoir des tables de la bonne hauteur pour manger ou travailler, et il peut être utile d'avoir une table réglable qui s'incline à l'angle qui vous convient. Servez-vous d'un appui-livre si vos mains vous font souffrir. Si vous avez de la difficulté à écrire avec des crayons ou des stylos minces, essayez de les entourer d'un morceau de caoutchouc mousse pour qu'ils soient plus faciles à tenir. Et s'il vous arrive de laisser s'échapper votre stylo sur le sol ou d'avoir besoin d'un livre en haut d'une ta-blette, des pinces peuvent vous être d'une grande utilité. Il existe des pinces spécialement conçues pour les personnes dont les mains sont handicapées.

Où se tourner pour obtenir des conseils

L'ergothérapeute est la personne la plus compé-tente pour conseiller les personnes arthritiques sur les moyens d'améliorer leur vie quotidienne. Dans la plupart des pays, les ergothérapeutes travaillent dans des hôpitaux et dans les centres de services sociaux. Si votre arthrite vous a imposé un séjour à l'hôpital et que vous êtes susceptible de souffrir d'une incapacité fonctionnelle à votre sortie de l'hôpital, l'er-gothérapeute de l'hôpital devrait faire une évaluation de vos capacités, peut-être se rendre chez vous pour déterminer quels outils et adaptations pourraient vous être utiles, vous aider à les obtenir, vous apprendre comment les utiliser et comment vous débrouiller de façon générale. Plusieurs hôpitaux ont un service de réhabilitation doté d'une cuisine et d'une salle de bains modèles, où les patients atteints d'une incapacité résiduelle peuvent se familiariser avec les instruments disponibles et apprendre à les utiliser.

Si votre arthrite n'est pas suffisamment grave pour nécessiter des traitements à l'hôpital, mais que vous avez des difficultés à vous débrouiller à la maison, votre médecin de famille peut vous diriger vers le centre de services sociaux de la région et demander à l'ergothérapeute d'évaluer vos besoins et de mettre à votre disposition l'équipement et le support dont vous avez besoin.

Heureusement, il y a aussi dans la plupart des pays plusieurs organisations bénévoles qui accordent de l'aide, aussi bien d'une façon générale que dans des domaines spécifiques. Ces organismes ont généralement des bureaux régionaux et offrent une grande variété de services, tant sur le plan des conseils que sur le plan pratique.

Il existe également des centres pour personnes handicapées dans la plupart des grandes villes. Consultez votre annuaire pour connaître leurs adresses, ou informez-vous auprès du centre de services communautaires de votre région.

Faites preuve d'ingéniosité

Il n'y a cependant rien de tel pour vous remonter le moral que de trouver vous-mêmes des solutions à vos problèmes. Il peut être très stimulant d'avoir à surmonter un handicap, et vous éprouverez une grande satisfaction à vous servir de votre ingéniosité pour vous en sortir. Sans compter que vous vous attirerez sûrement le respect de votre famille et de vos amis!

CHAPITRE 6

Les traitements conventionnels

Ce que votre médecin dira et fera sûrement

Comme il n'y a pas de cure pour l'arthrite inflammatoire ou dégénérative, la médecine traditionnelle doit se concentrer sur les moyens d'atténuer les symptômes de douleur et de raideur, de réduire l'inflammation, de prévenir que l'articulation devienne difforme et instable, et de remplacer les articulations devenues trop raides, difformes et douloureuses pour accomplir leurs fonctions usuelles. Les médecins disposent à ces fins de trois grandes catégories de traitements:

- la pharmacothérapie
- la physiothérapie
- la chirurgie

La pharmacothérapie

Pratiquement tous les médicaments sont toxiques jusqu'à un certain point et ont des effets secondaires, et les médicaments utilisés dans le traitement de l'arthrite ne font pas exception à cette règle. Il faut maintenir un équilibre précis entre les avantages et les risques que présente un médicament, pour que le patient ne souffre pas plus des effets secondaires du médicament que de la maladie que celui-ci doit traiter.

Les analgésiques

Quand le rhumatisme ou l'arthrose en sont à leurs premiers stades et sont encore peu sévères, il suffit de prendre un médicament pour atténuer la douleur. Pendant de nombreuses années, l'*aspirine* fut le médicament par excellence, parce qu'elle réduit également l'inflammation, mais quand elle est consommée en doses importantes elle peut causer des malaises, des saignements et des ulcères à l'estomac, ou des sifflements respiratoires et des éruptions. C'est pourquoi on recommande aujourd'hui généralement le *paracétamol* pour le traitement de l'arthrite bénigne, parce qu'il n'a pas d'effets secondaires à moins d'être consommé en doses excessives, auquel cas il peut être toxique pour le foie.

Les anti-inflammatoires

Le groupe de médicaments appelés *anti-inflammatoires non stéroïdiens* (AINS) est devenu très populaire dans le traitement de divers types d'arthrite inflammatoire, de même que de l'arthrose à un stade avancé. Ces médicaments sont efficaces, parce qu'ils atténuent la douleur et réduisent l'inflammation, ce qui constitue une combinaison idéale pour le traitement de l'arthrite et du rhumatisme. Cependant, ils peuvent entraîner des effets secondaires fâcheux chez les personnes âgées (qui sont généralement plus sensibles aux médicaments) et chez toute personne atteinte de maladie de type allergique comme l'asthme; ils doivent par ailleurs être administrés avec prudence aux personnes enceintes ou à celles qui souffrent d'ulcères d'estomac ou de dérèglement du foie ou des reins.

Cas vécu

Madame Gauthier, âgée de cinquante-deux ans, a consulté son médecin, parce qu'elle éprouvait des douleurs aux mains, aux épaules et aux genoux; les douleurs étaient parfois si intenses qu'elles l'empêchaient de dormir la nuit. Elle ressentait également de la raideur le matin. Le médecin examina ses mains et constata que ses jointures étaient très rouges, enflées et manifestement douloureuses. Il lui demanda si elle se sentait bien, et elle lui répondit qu'elle se sentait parfois fiévreuse et mal en point.

Le médecin diagnostiqua une polyarthrite rhumatoïde et prescrivit un médicament anti-inflammatoire appelé *indométacine* en lui recommandant de lui dire comment elle réagissait au médicament. Elle est retournée le voir deux semaines plus tard et s'est plainte de maux de tête et d'étourdissements. Conscient qu'il s'agissait d'effets secondaires possibles, il lui prescrivit un médicament anti-inflammatoire moins puissant appelé *naproxène*. Madame Gauthier s'est sentie beaucoup mieux, et son état s'est amélioré progressivement.

Il existe divers AINS, dont les propriétés sont similaires, mais dont les effets secondaires varient. Comme les patients peuvent bien réagir à un AINS et mal à un autre, il est possible que le médecin doive en essayer plusieurs avant de trouver celui qui convient.

Les médicaments de second recours

Si les AINS ne parviennent pas à atténuer la douleur, la raideur et l'inflammation causées par la polyarthrite rhumatoïde, plusieurs médicaments de second recours peuvent être essayés; ces médicaments peuvent entraîner des rémissions de la maladie après deux ou trois mois. Ils doivent cependant être utilisés avec prudence, parce que leurs effets secondaires peuvent être graves.

L'or L'or est utilisé depuis plusieurs années dans le traitement de l'arthrite, mais s'il est utilisé sans discernement, ses effets peuvent être désastreux. On le prescrit actuellement à petites doses seulement, et ses effets sont surveillés de près au moyen d'analyses de sang et d'urine régulières. Il peut affecter les reins et le sang, mais c'est la peau qui est la plus vulnérable; le traitement doit être interrompu sans délai en cas d'éruptions ou de démangeaisons. Si de strictes précautions sont prises, le danger est limité et le traitement peut être très efficace.

Les médicaments antipaludéens Deux médicaments qui ont été conçus pour traiter la malaria, la *chloroquine* et l'*hydroxychloroquine*, ont été utilisés avec succès dans le traitement de la polyarthrite rhumatoïde et du lupus érythémateux aigu disséminé (LEAD), mais leurs effets secondaires peuvent entraîner des affections oculaires, comme la *réthinopathie*. Le patient qui prend ces médicaments devrait se faire examiner les yeux régulièrement, quoique le risque pour les yeux devrait être limité si le dosage est peu élevé et si la durée du traitement n'excède pas deux ans.

La pénicillamine La pénicillamine est apparentée à la pénicilline, mais ce n'est pas un antibiotique. Comme l'or, elle doit être utilisée avec prudence, parce que ses effets secondaires sont similaires et que de surcroît elle supprime la moelle osseuse. Il est par conséquent essentiel que le patient subisse régulièrement des analyses de sang et d'urine pour en surveiller les effets. Par ailleurs elle peut en fait *causer* le LEAD et ne devrait donc *jamais* être utilisée dans le traitement de cette maladie. Le malade souffrant de polyarthrite rhumatoïde ne constatera généralement pas d'amélioration de son état avant six à douze semaines du début du traitement, et le médicament n'est prescrit qu'à un stade avancé de la maladie.

Les immunosuppresseurs L'*azathioprine*, le *chlorambucil* et le *méthotrexate* comptent parmi les immunosuppresseurs. Ceux-ci sont utiles quand le patient ne réagit à aucun des médicaments déjà mentionnés. Ils peuvent causer des nausées, des vomissements et des diarrhées, de même que l'*herpès zoster* (le zona). Une surveillance étroite est donc indiquée.

La sulphasalazine La sulphasalazine s'est également révélée utile dans le traitement de la polyarthrite rhumatoïde, bien qu'elle ait à l'origine servi au traitement de la *colite ulcéreuse*. Ses effets secondaires comprennent les irruptions, les maux d'estomac et les troubles sanguins, de sorte que les analyses de sang fréquentes sont essentielles.

Les stéroïdes

Les stéroïdes furent, à une certaine époque, considérés comme un «remède miracle» pour la plupart des maladies rhumatismales, mais leurs effets secondaires ne sont plus considérés acceptables. Ils sont donc prescrits avec une extrême prudence. Les stéroïdes peuvent entraîner un boursouflement du visage, causer le diabète, des cataractes, des insuffisances cardiaques, des maladies vasculaires périphériques, de l'ostéoporose, des ulcérations gastro-duodénales et un amincissement de la peau.

La *cortisone*, stéroïde d'origine, n'est plus utilisée, mais l'un de ses dérivés, la *prednisolone*, peut avoir des effets spectaculaires si on la prescrit judicieusement; la prednisolone est souvent utilisée dans le traitement du LEAD et de la *pseudopolyarthrite rhizomélique*. Dans les cas graves, on a obtenu des succès remarquables en la prescrivant d'abord en doses importantes, puis en réduisant graduellement les doses au minimum. Les corticostéroïdes peuvent être injectés directement dans les articulations douloureuses et les tissus mous pour réduire l'inflammation.

Les médicaments pour la goutte

La goutte est l'une des formes de maladies rhumatismales les plus douloureuses, mais par bonheur elle est maintenant l'une des plus faciles à traiter et à prévenir. L'*indométacine*, un anti-inflammatoire non stéroïdien, est généralement le médicament par excellence pour atténuer la douleur et l'inflammation au stade aigu, car l'organisme peut en tolérer des doses importantes dans un traitement de courte durée. La *colchicine* est une autre option, mais elle a des effets secondaires désagréables (nausées, vomissements, diarrhées et douleurs abdominales) et peut être toxique en doses élevées.

L'*allopurinol* est utilisé dans les traitements prolongés pour prévenir les attaques récurrentes. Ce médicament, dont l'usage est largement répandu,

Cas vécu

Madame Germain, âgée de soixante-dix-huit ans, s'est réveillée un matin avec un mal de tête atroce et des douleurs dans les bras, les épaules, le cou, le dos et les jambes. Ses épaules étaient tellement raides qu'elle ne pouvait même pas lever les bras pour boire une tasse de thé, dont elle avait pourtant bien besoin. Elle se sentait si mal que son mari a insisté pour qu'elle reste au lit et a téléphoné au médecin, qui est venu quelques heures plus tard.

Le médecin a examiné madame Germain soigneusement et a prélevé un échantillon de sang pour le faire analyser. Il craignait qu'il ne s'agisse d'une maladie rhumatismale appelée «pseudo-polyarthrite rhizomélique», et il lui prescrivit de la prednisolone. Il l'assura qu'il l'appellerait aussitôt qu'il aurait les résultats de l'analyse de sang, et il recommanda à monsieur Germain de l'appeler immédiatement si les maux de tête de sa femme empiraient.

Le médecin téléphona le lendemain pour dire que l'analyse de sang avait confirmé son diagnostic de pseudopolyarthrite rhizomélique; il précisa que le mal de tête était causé par une artérite temporale, une maladie qui accompagne souvent la pseudopolyarthrite et peut être dangereuse pour la vue.

Heureusement, la prednisolone a donné d'excellents résultats. Le mal de tête de madame Germain a diminué progressivement, de même que ses douleurs dans les membres. En peu de temps, elle fut sur pied et put se rendre au cabinet de son médecin pour subir des examens périodiques.

contrôle la formation d'acide urique. Il est efficace et bien toléré.

La physiothérapie

La physiothérapie (thérapie physique) et l'ergothérapie sont les deux méthodes de traitement physiques les plus fréquemment employées pour l'arthrite. Les physiothérapeutes et les ergothérapeutes travaillent souvent ensemble dans les services de réadaptation des hôpitaux. Les physiothérapeutes évaluent le degré de raideur dans les articulations, conçoivent des programmes d'exercices individuels pour améliorer leur mobilité et soulagent la douleur et la raideur grâce à d'autres méthodes de traitements, tels les bains de cire et l'électrothérapie.

Les ergothérapeutes évaluent le degré d'incapacité du patient par rapport aux activités de tous les jours, enseignent différentes façons d'effectuer les tâches quotidiennes, montrent le fonctionnement des appareils et équipements spécialement conçus pour rendre la vie plus facile et indiquent des façons de se les procurer.

Les physiothérapeutes et les ergothérapeutes travaillent également dans la communauté et traitent les patients à domicile.

La physiothérapie pour l'arthrite et le rhumatisme

Le physiothérapeute voit les patients soit à l'hôpital, soit dans une clinique externe. Il doit d'abord évaluer leur état et ensuite recommander pour chaque patient un programme de traitement individuel. Les méthodes de traitement suivantes sont généralement appliquées dans les cas d'arthrite.

Des exercices sont recommandés pour redonner de la mobilité aux articulations raides et pour raffermir les muscles affaiblis par l'inactivité. Ils peuvent être enseignés individuellement ou en groupes, et si l'hôpital a une piscine d'hydrothérapie ils peuvent se faire dans l'eau; en effet, la chaleur et le support de l'eau facilitent les mouvements et détendent les articulations et les muscles.

L'électrothérapie comprend divers types de traitements électriques, notamment la diathermie à ondes courtes, la thérapie interférentielle et aux ultrasons. L'électrothérapie procure une douce chaleur aux articulations et muscles douloureux et contribue au processus de guérison.

La thérapie par le froid peut être aussi bénéfique que la chaleur pour une articulation enflammée; des poches de glace sont alors utilisées pour apaiser la douleur, stimuler la circulation et accélérer la guérison.

Les physiothérapeutes fabriquent et ajustent des *attelles* dans les cas où il est nécessaire d'immobiliser l'articulation pour réduire l'inflammation.

Les physiothérapeutes aident les patients qui ont des difficultés à *marcher* à cause de douleurs aux articulations des jambes et des pieds. Ils peuvent recommander des appareils de marche et des chaussures convenables.

Les physiothérapeutes enseignent des techniques de *relaxation* pour réduire le stress et diminuer la tension, et par conséquent soulager la douleur.

Bon nombre de physiothérapeutes ont maintenant une formation en *acupuncture*, et certains services de physiothérapie offrent cette méthode naturelle de

traitement aux patients à qui elle est susceptible de
convenir.

L'ergothérapie et l'arthrite

Les ergothérapeutes travaillent généralement
dans les hôpitaux ou sont rattachés à des centres de
services sociaux. Ils connaissent bien tous les
appareils, équipements et instruments d'adaptation
susceptibles d'aider les personnes handicapées à
vivre une vie indépendante. Leur formation leur
permet d'évaluer le degré d'incapacité du patient, de
recommander des instruments de support et d'adaptation, et d'apprendre aux patients à utiliser ces
instruments et à trouver des façons plus faciles d'accomplir les tâches de tous les jours.

Outre ce travail très pratique, les ergothérapeutes
peuvent enseigner aux patients à protéger leurs articulations et à contrôler leur douleur. Ils peuvent
finalement, par leurs conseils, aider les patients à
accepter leur maladie.

La chirurgie

Quand les médicaments et la thérapie physique ne
suffisent pas à stopper la progression de l'arthrite,
que les articulations deviennent si raides, douloureuses et déformées qu'elles sont pour ainsi dire
inutiles, et que la vie du malade est affectée néga-
tivement dans tous ses aspects — sociaux, professionnels et domestiques — il y a lieu d'envisager la
chirurgie. Le remplacement d'articulations malades
par des articulations artificielles est l'un des progrès
les plus remarquables qu'ait connus la chirurgie au
cours des trente dernières années, mais il existe
d'autres types d'interventions chirurgicales égale-

ment susceptibles d'être bénéfiques aux personnes qui souffrent de maladies rhumatismales.

L'arthroplastie (remplacement d'une articulation)

Le remplacement des articulations malades par des articulations artificielles est réellement une des grandes réussites chirurgicales du siècle. C'est en 1938 qu'on a remplacé pour la première fois l'articulation d'une hanche par une articulation artificielle, et avec le temps cette opération, de même que les matériaux utilisés se sont raffinés à tel point que l'intervention est presque devenue banale. Chaque année, 300 000 articulations de hanche sont remplacées dans le monde entier.

L'articulation de la hanche étant une énarthrose, la tête du fémur et la cavité articulaire du bassin doivent toutes deux être retirées et remplacées dans les cas d'arthroplastie totale de la hanche. Les matériaux des articulations artificielles varient selon les préférences des médecins. Ils peuvent être de métal ou de plastique de haute densité, et ils sont généralement cimentés à l'endroit approprié. Le soulagement de la douleur devrait être immédiat, et la gamme de mouvements de l'articulation devrait à tout le moins être adéquate.

L'arthroplastie du genou est également très populaire. Chaque année, environ 14 000 opérations de ce type sont effectuées en Angleterre. Comme il s'agit d'une articulation charnière, les extrémités des os doivent être remodelées à l'aide de plaques métalliques entre lesquelles on insère un morceau de plastique qui remplace le ménisque.

Cas vécu

Monsieur Jobin, âgé de soixante-six ans, souffrait d'arthrose avancée dans les deux hanches. Il avait été dans sa jeunesse un cycliste passionné, et en conséquence les articulations de ses hanches étaient très usées. La douleur et la raideur avaient fini par constituer un tel handicap pour lui que son médecin de famille le dirigea vers un chirurgien orthopédiste, pour qu'il examine la possibilité d'effectuer une arthroplastie des hanches.

Les radiographies démontrèrent une altération considérable des deux hanches, et le chirurgien accepta de l'opérer, mais seulement une articulation à la fois, de façon qu'il puisse observer comment monsieur Jobin répondrait à ce type de chirurgie particulier. Par bonheur, la liste d'attente n'était pas trop longue, et monsieur Jobin est entré à l'hôpital trois mois plus tard.

Quand il s'est réveillé, après l'opération, il était couché sur le dos, il y avait des tubes qui drainaient la plaie dans sa hanche et un oreiller entre ses jambes pour maintenir celles-ci dans la position adéquate. Deux jours plus tard, un physiothérapeute l'a aidé à sortir du lit et lui a montré à marcher de nouveau à l'aide d'un déambulateur et de deux cannes. Monsieur Jobin ne ressentait plus de douleur à la hanche, ce qui lui semblait miraculeux.

Après dix jours à l'hôpital, on lui a enlevé ses points et on lui a dit qu'il pourrait rentrer chez lui une semaine plus tard. Son retour à la maison s'est bien passé, il pouvait marcher avec une canne et il arrivait même assez facilement à monter et à descendre les escaliers. Quand il est retourné à l'hôpital pour subir un examen, le médecin fut tellement satisfait des progrès accomplis qu'il s'est déclaré disposé à remplacer l'articulation de l'autre hanche dès que monsieur Jobin serait parfaitement rétabli.

La synovectomie

Dans les cas de rhumatismes et autres formes d'arthrite inflammatoire, il y a inflammation de la membrane synoviale qui entoure l'articulation. La «synovectomie» est une opération chirurgicale qui consiste à faire l'ablation de ce tissu. La douleur et l'enflure seront considérablement réduites, et la membrane synoviale se régénère, quoique sous une forme différente. On a parfois recours à cette opération dans les cas de polyarthrite rhumatoïde.

L'excision des débris

Quand ce sont de petits morceaux d'os ou d'autres débris mobiles qui causent des problèmes à une articulation, ceux-ci peuvent être retirés au moyen d'une opération appelée «excision des débris». Cette intervention est réalisée à l'aide d'un arthroscope, un petit tube muni d'appareils optiques, qui, une fois inséré dans l'articulation, permet au chirurgien de voir les débris et de les retirer.

L'ostéotomie

La destruction d'un os par l'arthrite peut modifier l'angle auquel les os se rencontrent. Cela se produit fréquemment dans les cas d'arthrite au genou, et parfois à la hanche. On peut corriger cela en sectionnant un morceau de l'os et en le replaçant pour qu'il rencontre l'autre os à l'angle approprié.

L'arthrodèse

Il n'est pas toujours possible de remplacer des articulations déformées ou instables chez des personnes plus jeunes, parce que les articulations artificielles ont une durée maximale de vingt ans seulement, et qu'un deuxième remplacement ne peut durer que dix ans. Il peut se révéler nécessaire de souder ensemble les extrémités des os pour corriger une déformation et soulager la douleur, mais l'articulation demeure alors raide en permanence. Ce type d'intervention s'appelle «arthrodèse».

La chirurgie reconstructive

Dans les maladies rhumatismales affectant les tissus mous, comme les tendons, une rupture des tendons peut entraîner une déformation; c'est le cas des «doigts en maillet». Ce type de déformation peut être corrigé par la reconstruction chirurgicale des tendons endommagés.

La décompression chirurgicale

Le syndrome du canal carpien est une maladie rhumatismale dans laquelle l'enveloppe qui recouvre les tendons du poignet s'enflamme et fait pression sur le nerf, ce qui rend la main, le poignet et le bras très douloureux, particulièrement la nuit. La décompression chirurgicale peut soulager la douleur et rendre à la main et au poignet leur fonction normale en libérant le nerf médian comprimé.

Les taux de réussite de la chirurgie

La chirurgie n'est vraiment pas une méthode de traitement «en douceur», mais dans les cas de remplacement des articulations endommagées par

Cas vécu

Monsieur Thomas, un entrepreneur âgé de quarante-trois ans, a consulté son médecin au sujet de douleurs intenses au poignet et au bras et d'une sensation d'engourdissement et de picotement dans ses doigts. La douleur montait parfois jusque dans son épaule et l'empêchait de dormir la nuit. Il avait même de la difficulté à travailler.

Son médecin l'a dirigé vers un rhumatologue. Celui-ci a diagnostiqué le syndrome du canal carpien et a injecté dans son poignet un corticostéroïde pour réduire l'inflammation. N'obtenant pas de résultat, le rhumatologue conclut qu'il était nécessaire d'opérer pour libérer le nerf comprimé. L'intervention s'est déroulée sous anesthésie locale, et en moins de deux mois monsieur Thomas put se servir suffisamment de sa main pour reprendre son travail.

l'arthrite, les taux de réussite sont très élevés. Il y a environ 1 à 2 pour cent de risque qu'une infection se produise dans la région de l'articulation artificielle, à cause de bactéries déjà présentes dans le corps du patient. Ce type d'infection peut généralement être traité au moyen d'antibiotiques.

Il existe également un risque minime d'embolie pulmonaire, c'est-à-dire de formation d'un caillot de sang dans la jambe ou le bassin qui s'arrête dans un poumon. C'est un risque commun à toutes les opérations, et les médecins ont l'habitude d'y faire face.

Le grand avantage pour les personnes qui ont subi une chirurgie de remplacement articulaire est qu'elles sont enfin soulagées d'une douleur qui leur avait semblé interminable et intolérable et qu'elles ont la capacité d'utiliser de nouveau leur articulation presque normalement. Ce type de chirurgie évolue constamment et donne véritablement un regain de vie aux personnes qui souffrent d'arthrite.

CHAPITRE 7

L'arthrite
et les thérapies naturelles

Introduction aux «médecines douces»

Puisque les médicaments traditionnellement prescrits pour contrôler la douleur et l'inflammation dans les cas d'arthrite modérée et sévère ont des effets secondaires fort désagréables — pour ne pas dire dangereux — il n'est pas surprenant que les personnes qui en souffrent souhaitent ardemment trouver des méthodes plus douces et plus sûres d'atténuer leurs symptômes et se tournent avec espoir vers les thérapies dites «naturelles», ou complémentaires. Et comme la science médicale n'a pas jusqu'à présent réussi à identifier les causes de l'arthrite inflammatoire, quoique la recherche examine un certain nombre de théories, les malades se demandent inévitablement si les personnes qui pratiquent les thérapies naturelles ont réussi où la médecine traditionnelle a échoué, c'est-à-dire à déterminer la cause et à trouver un traitement.

Pendant longtemps la profession médicale s'est opposée aux thérapies naturelles, mais maintenant de plus en plus de médecins s'intéressent à leurs possibilités, et certains ont même reçu une formation relative à certains traitements naturels, telles l'homéopathie et l'acupuncture. Si vous songez à vous tourner vers les «options naturelles», pour ainsi dire, et que votre médecin de famille traite déjà votre arthrite au moyen de méthodes traditionnelles, consultez-le d'abord et discutez avec lui des thérapies naturelles susceptibles de vous convenir.

Même si votre médecin entretient des réserves à propos des médecines naturelles, et que vous décidez tout de même d'aller de l'avant, vous feriez bien de l'en informer, pour vous assurer que les médicaments qu'il vous a prescrits ne sont pas incompatibles avec les remèdes naturels que vous pourriez prendre. Il est également préférable que vous disiez à votre thérapeute naturiste quels médicaments traditionnels vous prenez.

Qu'est-ce que la médecine naturelle?

Les méthodes naturelles de traitement des maladies reposent toutes sur les principes suivants.

- Le corps a une capacité naturelle de guérir et de s'adapter.
- L'être humain n'est pas une simple machine, comme une automobile, mais un mélange complexe formé du corps, de l'esprit et des émotions, et tous ces facteurs, individuellement ou collectivement, peuvent jouer un rôle dans les problèmes de santé. En d'autres termes, l'individu n'est pas un ensemble aléatoire de parties, mais un «tout» complètement intégré. L'expression «médecine holistique» est fondée sur ce concept, et elle implique que chaque patient doit être traité comme un être entier dont l'intellect et les émotions, ou l'esprit, sont aussi importants que le corps pour la santé.

- Les conditions environnementales et sociales sont tout aussi importantes que la constitution physique et émotionnelle de la personne et peuvent avoir autant d'effets sur sa santé.

- Il est plus important de traiter la racine ou les causes d'un problème que d'en traiter les symptômes manifestes et immédiats. Les traitements limités aux symptômes peuvent masquer le problème sous-jacent et l'empirer, de sorte qu'il risque de se manifester de nouveau ultérieurement sous une forme plus grave.

- Chaque personne est unique et ne peut être traitée de la même façon qu'une autre.

- Le processus de guérison est plus rapide et plus efficace quand la personne assume la responsabilité de sa propre santé et participe activement au processus. (Un bon thérapeute sait toutefois reconnaître le moment où un patient a besoin de se laisser aller et de placer cette responsabilité entre les mains de quelqu'un d'autre.)

- La santé est un état d'équilibre émotif, mental, spirituel et physique. L'équilibre est un des fondements du concept de santé dans la thérapie naturelle: la maladie résulte d'un état de déséquilibre, ou «malaise». Les Chinois ont recours au principe du *yin* et du *yang* pour décrire ce concept d'équilibre.

- Il y a dans l'univers une force curative naturelle. En Occident, on exprime cela au moyen de la locution latine *vis medicatrix naturae* (pouvoir curateur de la nature), en Chine par le terme *qi* ou *chi*, au Japon par *ki*, et en Inde par *prana*. Chacun peut puiser dans cette force curative, et il revient au thérapeute naturiste de l'activer chez le patient, ou d'aider le patient à l'activer en lui-même.

L'essence de toutes les thérapies naturelles est la même, et elle est très conforme aux principes de la médecine qui était pratiquée dans la Grèce et l'Égypte anciennes: la meilleure approche est la plus douce, elle évite les procédures dangereuses et invasives, elle traite le patient comme une personne entière, et elle encourage le patient à prendre part activement à sa propre guérison et à conserver sa santé.

Les objectifs et les principes de la thérapie naturelle ne sont pas si éloignés de ceux de la médecine traditionnelle, qui reconnaît aussi les liens étroits entre l'esprit et le corps — la *psyché* et le *soma* — dans la santé et la maladie. Il est tout à fait logique que les habiletés et les connaissances des praticiens des deux disciplines soient considérées comme complémentaires, et que ceux-ci soient amenés à collaborer, dans le meilleur intérêt des patients.

Quelles sont les thérapies naturelles?

Les méthodes de traitement naturelles peuvent être réparties en deux grandes catégories: les thérapies physiques, qui traitent le corps, et les thérapies émotionnelles, qui traitent l'esprit et les émotions. Certaines thérapies, bien sûr, appartiennent aux deux catégories. Celles qui sont bénéfiques dans les cas d'arthrite sont énumérées par ordre alphabétique dans l'encadré de la page 98. Quelques-unes peuvent se pratiquer individuellement, moyennant une initiation sommaire. D'autres ne devraient être appliquées que par un praticien d'expérience.

Les personnes qui souffrent d'arthrite ont besoin de traitements qui apaisent la douleur, réduisent l'inflammation et soulagent la tension qui peut provoquer une attaque. C'est le cas particulièrement de la polyarthrite rhumatoïde, une maladie inflammatoire qui affecte les articulations et est parfois déclenchée par le stress. C'est également le cas de l'arthrose à un stade avancé, quand les tissus qui entourent l'articulation sont enflammés par les excroissances de l'os dans l'articulation. À ce stade, la douleur est généralement aiguë et débilitante, ce qui cause du stress. Toute méthode de traitement destinée à contrôler efficacement la douleur entraînera par le fait même une réduction du stress. De même, les traitements qui favorisent la relaxation et soulagent la tension aideront le patient à mieux tolérer la douleur. C'est pourquoi certains dentistes font jouer de la musique apaisante aux patients dont le seuil de tolérance à la douleur est peu élevé.

Les thérapies naturelles susceptibles d'être bénéfiques aux personnes qui souffrent d'arthrite sont: l'acupuncture; la moxibustion et le shiatsu, qui fonctionnent selon les mêmes principes que l'acupuncture; la naturopathie; la thérapie diététique; l'homéopathie; la phytothérapie; l'aromathérapie; la réflexologie; le yoga et le taï-chi; l'autorelaxation; la biorétroaction; et la méditation. Ces thérapies seront abordées dans les deux prochains chapitres.

L'ostéopathie, la chiropractie et d'autres méthodes thérapeutiques manuelles, comme le massage et la technique d'Alexander, prétendent également être bénéfiques pour les arthritiques, mais elles doivent être envisagées avec une extrême prudence, parce que de mauvaises manipulations d'une articulation douloureuse et enflammée peuvent causer plus de tort que de bien. C'est pourquoi il est très important de demander conseil à son médecin avant d'entreprendre des traitements de thérapie naturelle.

Certaines de ces thérapies naturelles peuvent également être efficaces dans le traitement de diverses maladies rhumatismales. La fibromyalgie et la bursite répondent généralement bien à l'acupuncture, par exemple. Mais là encore il est sage de consulter d'abord son médecin.

Les thérapies naturelles et l'arthrite

Les thérapies physiques	Les thérapies émotionnelles
L'acupuncture	L'autorelaxation
L'aromathérapie	La biorétroaction
L'homéopathie	La méditation
La moxibustion	La thérapie de relaxation
La naturopathie	
La phytothérapie	
La réflexologie	
Le shiatsu	
Le taï-chi	
La thérapie diététique	
Le yoga	

CHAPITRE 8

Le traitement du corps

Les thérapies physiques pour l'arthrite

Les recherches scientifiques ont démontré que, parmi les diverses thérapies physiques naturelles qui ont connu du succès dans le traitement de l'arthrite, trois peuvent être bénéfiques. Ce sont:

- l'acupuncture;
- l'homéopathie;
- la thérapie diététique ou nutritionnelle.

L'acupuncture

L'acupuncture et l'un de ses dérivés, la moxibustion, sont des thérapies chinoises traditionnelles; un ancien traité de médecine intitulé *Nei Jing* (*Le Canon de la médecine*) atteste leur utilisation dès les années 475-221 av. J.-C. Selon ce traité: «La moxibustion peut être appliquée quand l'acupuncture seule se révèle inefficace.»

La médecine chinoise traditionnelle repose sur la croyance qu'il existe une force vitale, une force de la nature, appelée énergie *chi*, qui contrôle les principaux organes et systèmes du corps. Cette énergie se déplace d'un organe à un autre, toujours selon le même trajet ou les mêmes chemins, qu'on appelle les «méridiens». Il y a quatorze méridiens; chacun est pourvu de points d'acupuncture qui constituent les entrées et sorties de l'énergie vitale qui circule dans les méridiens. L'acupuncteur doit connaître non seulement les méridiens particuliers auxquels les points d'acupuncture appartiennent, mais également les endroits exacts de l'anatomie où sont situés les points d'acupuncture.

Après que la maladie du patient a été diagnostiquée, le traitement consiste à insérer des aiguilles dans les points d'acupuncture du méridien qui conduit à l'organe atteint. Ces points peuvent être assez éloignés: par exemple, le méridien qui conduit au gros intestin commence au bout des doigts, et celui qui conduit à la rate prend son origine dans le gros orteil. Il peut y avoir jusqu'à soixante-sept points d'acupuncture sur un méridien.

Selon le manuel publié par le Collège de médecine traditionnelle et l'Institut de recherche de Shanghai, il y a 361 points *jing* le long des quatorze méridiens, de même que cinquante-huit *qi*, ou points extraordinaires, non encore classifiés. Une importance extrême a évidemment toujours été accordée à la sélection exacte des points. Un éminent acupuncteur chinois du treizième siècle observait: «Il est nécessaire de considérer cinq points pour en choisir un correctement.»

Les aiguilles utilisées de nos jours sont fabriquées en acier inoxydable ou en or, mais les premières aiguilles d'acupuncture utilisées en Chine étaient faites de pierre, d'os et de bambou. On a découvert une variété d'articles en bronze incluant des aiguilles datant de l'époque des dynasties Shang et Zhou (16e-8e siècles av. J.-C.), et on a trouvé en 1968 quatre aiguilles en or et cinq en argent dans la tombe du prince Ching de Chungsan, datant du 2e siècle av. J.-C. Il y avait à l'origine neuf types d'aiguilles destinées à divers usages, incluant une grande aiguille spécifiquement conçue pour le traitement des articulations douloureuses.

Bien que l'objectif traditionnel de l'acupuncture soit de traiter les causes sous-jacentes de la maladie, elle s'est plutôt raffinée dans les dernières années comme technique d'analgésie et d'anesthésie. On l'utilise maintenant couramment dans les hôpitaux chinois comme anesthésique pour les opérations, parfois en la combinant avec des herbes ou des médicaments occidentaux, et fréquemment dans les hôpitaux et les cliniques pour soulager les douleurs irréductibles.

Personne, pas même les Chinois, ne sait exactement comment cela fonctionne, mais, selon une théorie, quand les aiguilles sont insérées dans les points d'acupuncture et manipulées, elles libèrent dans le sang des substances chimiques appelées *endorphines*, qui ont des effets analgésiques aussi puissants que la morphine. Selon une autre théorie, la stimulation provoquée par les aiguilles bloque les voies nerveuses qui transportent les messages signalant la douleur au cerveau.

La moxibustion est l'application de chaleur à l'aide de bâtonnets de laine de *moxa* qu'on brûle lentement près de la région malade ou d'un point d'acupuncture. Des cônes de moxa peuvent également être placés directement sur la région ou au-dessus de celle-ci. La laine de moxa est faite de feuilles d'armoise chinoise séchées et déchiquetées.

Le shiatsu consiste en un massage appliqué par de forts mouvements des doigts sur les points d'acupuncture. Certains croient que le shiatsu fut le précurseur de l'acupuncture.

L'acupuncture peut soulager la douleur dans les articulations et les muscles enflammés, mais elle ne guérit pas l'arthrite, ni ne répare les dommages causés aux os par la maladie. Cependant, quand elle est administrée par des praticiens compétents, parmi lesquels on compte aujourd'hui plusieurs médecins, elle peut soulager considérablement la douleur et le stress.

Cas vécu

Monsieur Wilson, âgé de cinquante-sept ans, souffrait d'attaques récurrentes d'arthrite rhumatoïde depuis environ quatre ans. L'articulation de son genou droit était toujours sérieusement affectée et continuait d'être douloureuse après la fin de l'attaque d'inflammation aiguë. Les anti-inflammatoires qu'il prenait n'étaient pas d'un grand secours, et quand son médecin lui prescrivit un médicament plus puissant, monsieur Wilson trouva les effets secondaires tellement désagréables qu'il refusa de le prendre, quoique la douleur dans son genou ne lui permettait de marcher qu'avec difficulté et l'empêchait de dormir.

Le médecin de monsieur Wilson décida de le diriger vers un conseiller en rhumatologie de l'hôpital de sa région. À la grande surprise de monsieur Wilson, celui-ci lui suggéra de voir un acupuncteur de la clinique de l'hôpital, qui lui expliqua qu'il pourrait traiter sa douleur en insérant de minces aiguilles d'acier dans sa jambe, près de l'articulation du genou, et en les manipulant. Le traitement durerait environ deux mois, à raison d'une séance par semaine.

Bien qu'il fût sceptique, monsieur Wilson est retourné la semaine suivante pour subir son premier traitement. Contre toute attente, il sentit à peine l'insertion des aiguilles; il éprouva simplement une sensation d'engourdissement dans sa jambe. L'acupuncteur lui dit que la douleur s'atténuerait pour une courte période au début, mais qu'après chaque séance le soulagement de la douleur durerait plus longtemps, jusqu'à ce que son genou redevienne éventuellement normal. Il l'a également assuré qu'il n'y aurait pas d'effets secondaires après les traitements.

Six semaines plus tard, le genou de monsieur Wilson était beaucoup moins douloureux, et après deux mois il constata que la douleur avait complètement disparu.

L'homéopathie

Comme l'acupuncture, l'homéopathie a acquis un certain degré de respect dans la profession médicale. En Angleterre, elle est même payée par les services de santé nationaux. Il y a cinq hôpitaux homéopathiques au Royaume-Uni, et environ un millier de médecins la pratiquent couramment. Bien qu'un certain nombre de recherches aient démontré que l'homéopathie était une méthode de traitement efficace, les médecins diffèrent d'opinion. Certains médecins croient que sa valeur réside dans ce qu'on appelle l'«effet placebo». C'est-à-dire que les patients réagiront à une substance neutre — un placebo — s'ils sont suffisamment convaincus que celle-ci a le pouvoir de leur faire du bien. Plusieurs médecins considèrent maintenant cela comme un facteur positif, et comme une preuve probable de la capacité de l'esprit d'influencer le corps.

Cas vécu

La regrettée Margerie Blackie, qui fut l'un des plus grands professeurs d'homéopathie et fut le médecin de la Reine d'Angleterre de 1968 jusqu'à sa mort en 1981, a décrit dans *Classical Homeopathy* le cas d'une femme âgée de soixante-trois ans qui, au moment où elle l'a rencontrée, était constamment souffrante, ne montait les escaliers qu'avec beaucoup de difficulté et était à peine capable de marcher, même sur un terrain plat.

Sa maladie rhumatismale avait commencé quand elle avait seize ans et avait considérablement empiré quand elle eut l'appendice perforé à l'âge de vingt-huit ans. La maladie avait progressé en dépit de toutes sortes de traitements médicaux traditionnels.

Grâce à un traitement homéopathique suivi, sa douleur s'est beaucoup atténuée; il lui arrivait même de ne ressentir aucune douleur pendant certaines périodes. Elle put enfin marcher et monter les escaliers assez facilement.

L'homéopathie (qui signifie «comme la maladie») repose sur le principe qu'il faut traiter «les semblables par les semblables». Cette «loi de similarités» a été élaborée par un médecin allemand, le docteur Samuel Hahnemann, au début du dix-neuvième siècle, après qu'il eut remarqué qu'un remède à base d'herbe provenant de l'écorce de quinquina provoquait en fait les symptômes de la malaria, la maladie qu'il était destiné à guérir. Il en a déduit qu'une substance qui produisait les symptômes d'une certaine maladie pouvait être utilisée pour traiter cette maladie, et son opinion fut étayée par la découverte que l'écorce de *quinquina* contenait de la *quinine*, qui est effectivement utilisée pour traiter la malaria.

Hahnemann croyait que les remèdes homéopathiques devaient être administrés en très petites doses, et pendant de nombreuses années lui et sa famille expérimentèrent eux-mêmes une large variété de substances naturelles sous des formes très diluées. Il croyait au traitement de l'être entier, de l'esprit aussi bien que du corps. Son approche était donc holistique.

De nos jours, les homéopathes suivent toujours cette approche. Ils posent de nombreuses questions aux patients, avant de mettre au point un programme de traitements conçu pour répondre à leurs besoins individuels. Leur objectif est de stimuler la force curative chez le patient pour rétablir l'équilibre qui a été rompu, ce qui a entraîné l'apparition des symptômes de la maladie.

Les remèdes qu'ils prescrivent sont des préparations très diluées de substances naturelles — obtenues d'animaux, de plantes et de minéraux — capables de produire les symptômes de la maladie à traiter. Le processus de dilution est réalisé par un mélange vigoureux, ou «succussion», qui produit, selon les homéopathes, des changements dans les molécules d'eau leur permettant de «mémoriser» la substance diluée. La médecine traditionnelle est

généralement sceptique à l'égard de cette théorie,
bien que des recherches menées récemment en
France semblent la démontrer.

Un certain nombre de remèdes homéopathiques
sont efficaces pour l'arthrite et le rhumatisme,
notamment l'*Argentum nitricum*, l'*aurum metal-
licum* (l'or homéopathique), le *causticum* et le *Rhus
tox*. Aucun d'entre eux n'a d'effets secondaires,
contrairement à la plupart des médicaments utilisés
dans le traitement de l'arthrite.

Les remèdes homéopathiques sont en vente libre
dans les boutiques d'aliments naturels et les pharma-
cies, mais il y a lieu de formuler certaines mises en
garde: les vendeurs ne sont pas toujours adéquatement
formés pour donner des conseils sur les remèdes
appropriés, les dépliants qui accompagnent les
produits vendus ne sont pas suffisamment clairs et
sont parfois même inexistants, et les informations sur
les emballages des produits sont souvent insuffisantes.

Les homéopathes compétents passent beaucoup
de temps à questionner et à observer leurs patients
pour avoir un portrait global de leur personnalité et
de leurs malaises avant de concevoir un programme
de traitements qui réponde spécifiquement aux
besoins de chacun. Il est donc préférable de
consulter personnellement un homéopathe, que
d'acheter un remède homéopathique sur les simples
conseils de vendeurs, tout bien intentionnés et bien
renseignés qu'ils puissent être.

La thérapie diététique

Il est généralement admis que le régime alimentaire a un rôle à jouer dans le traitement de l'arthrite,

ne serait-ce que pour entraîner une perte de poids destinée à diminuer le fardeau imposé aux articulations portantes.

De nombreuses recherches ont été entreprises dans le monde entier au cours des dernières décennies sur la valeur des compléments alimentaires dans les cas de polyarthrite rhumatoïde, et sur la possibilité que certains aliments puissent provoquer ou exacerber les symptômes de polyarthrite rhumatoïde, chez les malades qui y sont sensibles ou ne les tolèrent pas.

La polyarthrite rhumatoïde a spécifiquement été l'objet de la recherche, parce qu'elle est l'une des formes les plus répandues d'arthrite inflammatoire. Dans les cas d'arthrose, qui est une maladie dégénérative, il est rare que les manipulations diététiques réussissent à réduire l'inflammation, sauf à un stade avancé. Les malades auront cependant avantage à suivre un régime amaigrissant.

Les compléments alimentaires

La recherche scientifique a démontré que l'huile de poisson et l'huile d'onagre sont les compléments les plus susceptibles d'aider à réduire l'inflammation dans les cas de polyarthrite rhumatoïde.

Les meilleures sources d'huile de poisson sont les poissons gras, comme le saumon, le hareng et le maquereau; les poissons blancs, comme la morue, l'aiglefin et la plie contiennent moins d'huile. Il faudrait manger chaque jour 250 grammes de poisson gras ou 600 grammes de poisson blanc pour en éprouver les bienfaits, de sorte que les compléments d'huile de poisson sont beaucoup plus pratiques. Il vous faudra en consommer une dose quotidienne pendant au moins six mois pour que ce soit efficace, et si vous constatez que vos symptômes s'atténuent vous devrez continuer d'en prendre régulièrement, parce que les bienfaits cesseront avec l'interruption de la consommation.

Il a été démontré que l'huile d'onagre a des effets anti-inflammatoires. Il faut en prendre aussi pendant trois à six mois pour en éprouver vraiment les bienfaits. Il est toutefois inutile de prendre de l'huile d'onagre et de l'huile de poisson. Cela ne servirait qu'à augmenter l'apport calorique et à faire prendre du poids.

Des recherches ont également été entreprises sur les bienfaits possibles d'autres compléments alimentaires populaires en relation avec l'arthrite. Bien que le miel, l'ail et les vitamines soient bons en eux-mêmes, leur efficacité à l'égard de la polyarthrite rhumatoïde n'a pas été démontrée. Il en est de même du varech, de la gelée royale, du ginseng et du vinaigre de cidre, qui n'en sont pas moins bons pour d'autres choses. Quoique l'extrait de moules vertes de Nouvelle-Zélande ait connu une certaine popularité chez certains patients, les recherches n'ont pas révélé d'amélioration réelle qui y soit attribuable.

L'intolérance alimentaire

De nombreuses recherches ont démontré que certains aliments particuliers aggravaient les symptômes de la polyarthrite rhumatoïde, et certains chercheurs croient que c'est à cause d'une intolérance à ces aliments. Les aliments généralement en cause sont le lait et les produits laitiers, le blé, le gluten, le maïs, le boeuf, le café, les agrumes, les tomates et les arachides.

Pour découvrir quels aliments sont responsables, le patient doit suivre ce qu'on appelle un «régime d'exclusion», qui permet d'identifier les coupables par un processus d'élimination. Ce processus peut durer jusqu'à six mois. Le patient est d'abord soumis à un régime de base, qui peut varier selon les méthodes du praticien, mais qui peut comprendre des aliments soi-disant «neutres», comme l'agneau, le riz, le chou, les carottes, les poires et l'eau filtrée. Si les symptômes ont considérablement diminué après deux semaines, d'autres aliments sont introduits selon une séquence soigneusement planifiée pour déterminer lesquels provoquent une réapparition des symptômes. Une fois que les aliments nuisibles ont été découverts, ceux-ci sont exclus du régime du patient.

Le régime général pour les cas de polyarthrite rhumatoïde

Le régime le plus sain pour toute personne souffrant de polyarthrite rhumatoïde est faible en gras total (mais comprend des gras polyinsaturés), faible en sucre, faible en sel, faible en alcool et riche en fibres.

Voici le régime recommandé pour l'état de santé général: éviter les mets sucrés, comme les biscuits, les gâteaux, les pâtisseries; diminuer les viandes rouges et les produits à base de viande, le lait et les produits laitiers, le beurre et les oeufs; éviter les aliments frits, mais consommer beaucoup de poisson, de fruits et légumes frais, de pain entier, de céréales complètes, de pâtes et de riz.

De petites quantités de gras polyinsaturés, comme la margarine et le beurre d'arachides, peuvent être incluses, de même que du fromage allégé, du lait écrémé, du yogourt allégé, et des protéines du poulet, des légumes secs et des noix.

Les efforts personnels du régime

Le grand avantage du régime alimentaire dans les cas de polyarthrite rhumatoïde est que le patient, après avoir obtenu les conseils d'un praticien d'expérience, peut prendre en main son propre traitement. Il est important toutefois que le régime d'exclusion soit entrepris sous la supervision d'un médecin, d'un diététicien, ou d'un autre professionnel qualifié, car la nutrition doit être soigneusement maintenue, surtout dans le cas des enfants, pour favoriser leur croissance.

Les praticiens

Plusieurs médecins se spécialisent dans les effets du régime et d'autres facteurs environnementaux sur diverses maladies, et les rhumatologues s'intéressent au rôle du régime alimentaire dans l'arthrite inflammatoire. Certains diététiciens se spécialisent également dans ce domaine des soins de santé.

La naturopathie est considérée très efficace dans le traitement de l'arthrite. Comme d'autres thérapies naturelles, elle traite la personne entière, tente d'identifier les causes sous-jacentes des symptômes et encourage le corps à utiliser sa propre force curative. Selon les principes de naturopathie, les aliments devraient autant que possible être consommés dans leur état naturel.

Quelques autres thérapies physiques

La phytothérapie, la réflexologie, le yoga, le taï-chi et l'aromathérapie sont toutes des thérapies naturelles qui méritent d'être considérées, bien qu'elles n'aient pas été soumises à des recherches scientifiques exhaustives.

La phytothérapie

Le traitement par les plantes ou extraits de plantes est une technique ancienne, encore activement pratiquée dans plusieurs pays, particulièrement en Chine, et l'arthrite est l'une des nombreuses maladies pour lesquelles elle peut être bénéfique. On dit, par exemple, qu'un remède appelé *griffes du diable* serait très efficace.

La vente de certains remèdes en tant que médicaments doit être autorisée dans divers pays par les autorités compétentes. D'autres remèdes sont vendus comme aliments et sont soumis aux lois concernant les aliments. Le risque que vous courez quand vous achetez un remède à base d'herbes sans ordonnance est que celui-ci ne vous convienne pas ou qu'il soit incompatible avec un médicament que vous prenez. Il est donc essentiel de consulter un phytothérapeute compétent, qui vous examinera soigneusement et pourra vous conseiller des remèdes appropriés.

D'autres recherches devront être menées sur les remèdes à base d'herbes pour assurer que ceux qui sont en vente libre peuvent être consommés sans danger.

La réflexologie

La réflexologie est une autre technique ancienne, qui vient probablement de Chine, et qui repose en gros sur les mêmes principes que l'acupuncture. C'est une forme de massage de certaines régions des pieds, certaines régions ayant des liens spécifiques avec d'autres parties du corps, soit par les méridiens, soit par d'autres lignes d'«énergie» (les opinions diffèrent). Ainsi, un massage du gros orteil peut soulager le mal de tête. L'efficacité de la réflexologie n'a jamais été démontrée scientifiquement, mais les médecins croient qu'elle ne peut pas faire de tort, et même qu'elle peut faire du bien. Une version moderne «high-tech» de la réflexologie, le Vacuflex, qui utilise une pompe à vide et des coussinets à succion, connaît une certaine popularité.

Le yoga et le taï-chi

Le yoga et le taï-chi sont deux formes d'exercices contrôlés qui peuvent soulager les arthritiques en douceur en faisant bouger les articulations raides, en favorisant la relaxation et en combattant le stress.

La pratique du yoga est très répandue dans le monde occidental, et il n'est pas difficile de trouver des programmes de cours offerts par des instructeurs compétents. Le grand violoniste Yehudi Menuhin a commencé à faire du yoga quand une maladie appelée «épaule gelée» a menacé de l'empêcher de jouer. Son épaule a été libérée, et il disait même que le yoga avait énormément amélioré son jeu.

En Angleterre, un certain nombre de recherches ont été entreprises dans des cliniques spéciales pour étudier les avantages potentiels du yoga.

Le taï-chi est un autre art chinois ancien qu'on peut voir pratiqué — généralement très tôt le matin — dans les rues de la plupart des villes de Chine. Les mots «méditation en mouvement» la décrivent très bien. Le taï-chi consiste en une série de mouvements très lents apparentés à la danse, qui ont pour but de favoriser la concentration sur l'esprit et les émotions aussi bien que sur le corps. L'enseignement et la pratique du taï-chi sont également répandus en Occident.

L'aromathérapie

L'aromathérapie utilise les huiles extrêmement aromatisées qui donnent aux plantes dont elles sont extraites leur parfum individuel. Ce sont des essences de plantes, ou «huiles essentielles». L'aromathérapie est également un art ancien qui a connu un regain de popularité au vingtième siècle. Plusieurs infirmières ont une formation en aromathérapie, et celle-ci est offerte dans de nombreux hôpitaux de Grande-Bretagne. On reconnaît de plus en plus les bénéfices de ce type de thérapie dans le traitement de diverses maladies.

Le traitement peut être appliqué sous forme de massages, de compresses, de bains et d'inhalations. Les aromathérapeutes prétendent que leurs traitements peuvent être bénéfiques pour presque toutes les maladies, y compris l'arthrite et le rhumatisme, de même que les problèmes nerveux et émotifs, tels le stress et la dépression. Il n'y a pratiquement pas d'effets secondaires, et les personnes de tous les âges, particulièrement les personnes âgées, peuvent en bénéficier. On peut également pratiquer l'aromathérapie soi-même à la maison.

Il y a cependant lieu de faire une mise en garde: il ne faut pas manger ou boire les huiles essentielles, il ne faut pas les utiliser sans les diluer. Certaines huiles sont dangereuses pour les femmes enceintes et les enfants, alors il est important de lire soigneusement les instructions, ou, mieux encore, de consulter un aromathérapeute compétent.

Jusqu'à tout récemment, peu de recherches ont été entreprises dans le domaine de l'aromathérapie, mais des études sont actuellement en cours dans le monde entier sur les raisons de son évidente efficacité.

CHAPITRE 9

Le traitement de l'esprit et des émotions

Les thérapies émotionnelles pour l'arthrite

Le diagnostic de polyarthrite rhumatoïde ou d'arthrose est généralement synonyme de condamnation à la douleur chronique. Dans un rapport publié en Angleterre en 1989, on citait un patient qui disait: «On n'est jamais seul… L'arthrite nous tient toujours compagnie.» La douleur chronique peut causer un grand stress si elle n'est pas contrôlée, et un cercle vicieux peut se créer par le fait que le stress peut agir comme déclencheur d'attaques aiguës de polyarthrite rhumatoïde.

L'objectif des thérapies émotionnelles naturelles dans les cas d'arthrite doit donc être de réduire le stress causé par la douleur, ce qui aura pour effet de réduire la douleur, et de réduire tout stress susceptible de déclencher des attaques d'arthrite inflammatoire. Les thérapies naturelles qui peuvent aider à rompre le cercle vicieux de la douleur et du stress sont l'autorelaxation, les techniques de relaxation, et la biorétroaction. La méditation peut également être bénéfique.

L' autorelaxation

Le terme «auto» indique bien qu'il s'agit d'une technique qui vient de l'individu, et dans le contexte de la thérapie naturelle cela signifie exercer l'esprit de façon à rétablir la santé du corps. L'autorelaxation présente des similitudes avec le yoga et la méditation.

L'autorelaxation repose sur six exercices mentaux dont le but est d'atténuer le stress et de favoriser le processus curatif. Trois positions principales doivent être adoptées pour que les exercices puissent être exécutés dans des environnements familiers, par exemple au travail, dans le train ou à la maison. Il s'agit de la position assise, de la position assise dans un fauteuil et de la position inclinée.

Les six exercices mentaux consistent à se concentrer sur la pesanteur (c'est-à-dire d'imaginer qu'un membre est très lourd), sur la chaleur, sur les battements du coeur, sur la respiration, sur la chaleur dans l'estomac et la fraîcheur sur le front. Le thérapeute les enseigne d'abord en groupe, et il demande aux patients de faire les exercices à la maison, de sorte qu'ils puissent éventuellement les pratiquer quand cela leur convient.

L'autorelaxation a été conçue à Berlin, en Allemagne, à la fin des années 1920, par le docteur Johannes Schultz. Après avoir observé à quel point la relaxation avait sur ses patients des effets bénéfiques, il a mis au point une série d'exercices mentaux. Ceux-ci ont connu tant de succès que le système s'est répandu dans le reste de l'Europe, en Amérique du Nord et au Japon. Il a fait son apparition en Grande-Bretagne dans les années 1970.

La relaxation

Nous avons mentionné au Chapitre 4 que le fait d'apprendre à relaxer était une bonne façon de parvenir à dominer le stress. Tout ce dont vous avez besoin, c'est de vingt minutes de tranquillité, de préférence dans un endroit isolé, où vous pouvez vous étendre sur le sol.

La technique consiste à vider votre esprit de toutes les pensées négatives, de visualiser les beautés d'un paysage paisible, d'imaginer les sons de la nature qui caractérisent cet environnement et de les évoquer dans votre esprit.

Quand vous avez bien en tête cet environnement qui tranquillise l'esprit, commencez à relâcher progressivement tous vos muscles, c'est-à-dire un groupe à la fois. Commencez avec vos orteils et vos pieds, et continuez avec vos doigts et vos mains, en contractant d'abord un groupe de muscles, puis en le relâchant, jusqu'à ce qu'éventuellement tous vos membres vous semblent lourds et inertes. Si quelqu'un essayait alors de soulever l'un de vos bras, celui-ci retomberait mollement sur le sol.

Continuez à contracter et à relâcher tous les groupes de muscles de votre corps, même ceux de vos sourcils et de votre front, et quand vous vous sentez complètement détendu, restez sans bouger pendant quelque temps, comme si vous laissiez votre corps s'enfoncer dans le sol. Puis, revenez tout doucement à la réalité, sans vous presser.

Vous pouvez combiner la relaxation avec des exercices de respiration, qui vous aideront aussi à surmonter vos tensions. Quand vous êtes en situation de stress, votre respiration est habituellement rapide et superficielle, restreinte au haut du thorax, ce qui signifie que vous n'aspirez pas suffisamment d'air dans vos poumons ou que vous n'expirez pas correctement les déchets hors des poumons. Vous avez besoin d'apprendre à respirer du diaphragme, comme les comédiens ou les chanteurs, de façon à dilater vos poumons au maximum et à aspirer assez d'air pour fournir au coeur l'oxygène dont il a besoin pour battre fort.

Le diaphragme est une bande musculaire résistante qui sépare la cavité thoracique de la cavité abdominale. Vous pouvez avec votre main le sentir se distendre et se contracter pendant que vous respirez. Vous devez apprendre à le contrôler de manière que l'air pénètre jusqu'au fond de vos poumons quand vous aspirez, et que vous sentiez se gonfler le bas de votre cage thoracique. De même, quand vous expirez, vous contractez le diaphragme pour qu'il expulse le plus d'air possible de vos poumons et les débarrasse de tous les déchets.

Vous devriez vous exercer à contrôler votre respiration diaphragmatique jusqu'à ce que vous puissiez aspirer en comptant jusqu'à trois, retenir votre souffle en comptant jusqu'à trois, expirer en comptant jusqu'à trois, et retenir votre souffle encore une fois en comptant jusqu'à trois. Laissez les muscles de vos épaules décontractés; ne les laissez pas se voûter et se tendre.

Si vous avez besoin d'aide pour effectuer ces exercices, n'hésitez pas à consulter un physiothérapeute. Quand vous aurez maîtrisé les techniques de relaxation et les exercices de respiration, vous serez étonné de constater à quel point vous vous sentirez plus calme et maître de vous-même. Vous constaterez également que votre douleur s'est apaisée.

La biorétroaction

Il serait plus juste d'appeler la technique de la biorétroaction «entraînement à la biorétroaction», parce qu'il s'agit d'une méthode qui consiste à apprendre à quelqu'un comment contrôler les réactions involontaires de son corps — comme les hausses et les baisses de la pression sanguine ou de la température corporelle — qui se produisent automatiquement en réaction à la chaleur ou au froid excessifs, ou aux émotions fortes, comme la peur, la colère, la haine, l'angoisse et la dépression.

Le thérapeute mesure les réactions involontaires du patient au moyen de divers appareils électriques, comme un thermomètre à main, qui peut indiquer la présence de maux de tête ou de migraine par la température de la main, ou un indicateur électrique de résistance cutanée (semblable à un détecteur de mensonge), qui réagit à la sueur provoquée par la crainte ou l'anxiété.

Un système de lumières et de sons révèle au patient les mesures obtenues. Le thérapeute enseigne alors au patient comment contrôler ses réactions automatiques en utilisant les signaux lumineux ou sonores de l'appareil comme indicateurs de son taux de réussite.

La biorétroaction est l'exemple parfait de l'utilisation du pouvoir de l'esprit sur le corps dans le processus de guérison. Elle est très populaire aux États-Unis. Elle est également utilisée au Royaume-Uni pour traiter le tabagisme, l'alcoolisme, la boulimie, pour guérir le bégaiement et pour traiter la migraine. Si la biorétroaction peut réussir à contrôler le stress, elle devrait être efficace dans le traitement de toutes les maladies reliées au stress, y compris la polyarthrite rhumatoïde.

La méditation

La méditation se pratique en Inde et dans une grande partie de l'Asie depuis des milliers d'années, et le yoga est un descendant de cette méthode qui consiste à trouver un centre de tranquillité et de calme au milieu des tempêtes de la vie. On croit que la méditation est la meilleure méthode d'autoassistance, parce que les personnes qui la pratiquent concentrent leurs pensées et contrôlent leur corps jusqu'à ce que leur esprit et leur corps atteignent un état de paix et d'harmonie.

La méthode est similaire à celle des techniques de relaxation et des exercices de respiration précédemment décrits, et l'objectif est analogue: chasser de son esprit les pensées troublantes et le remplir d'une pensée ou d'une idée calme et merveilleuse.

Si vous avez des problèmes de stress, voilà une autre méthode qu'il vaut la peine de considérer. Des cours de méditation sont offerts un peu partout, généralement dans les centres de formation pour adultes.

La douleur et l'esprit

L'aspect le plus pénible de l'arthrite est sans doute la douleur qu'elle provoque: douleur aiguë dans les phases actives de la maladie, et douleur persistante avec laquelle le patient doit apprendre à vivre. La douleur est épuisante, aussi bien physiquement que émotionnellement, et c'est pourquoi elle peut provoquer une grave dépression. Les médicaments antidouleur assez puissants ont des effets secondaires désagréables. Il est donc essentiel d'essayer de trouver des moyens plus naturels et plus doux de contrôler la douleur.

Chacun ressent la douleur de manière différente. Certaines personnes tolèrent facilement la douleur, tandis que d'autres sont très affectées par la douleur que cause une blessure sans gravité. C'est ce qu'on appelle la «tolérance à la douleur».

Le «seuil de la douleur» est le moment où l'on commence à sentir la douleur; ce seuil est générale- ment le même pour tout le monde. Mais le fait que la capacité de tolérer la douleur varie tellement d'une personne à l'autre semble indiquer que l'atti- tude mentale y est pour quelque chose.

Il est reconnu, par exemple, que les soldats grave- ment blessés au front ne sentent souvent la douleur qu'à la fin de la bataille, quand ils ont le temps de songer à leurs blessures. Ceci illustre le fait que l'on ressent moins la douleur si notre attention est distraite par quelque chose de plus urgent et de plus important.

Comme nous l'avons déjà mentionné, il est égale- ment reconnu qu'un «placebo» — une substance inoffensive, comme la craie — donné au patient sans qu'il le sache au lieu d'un médicament antidouleur peut soulager la douleur, parce que le patient croit qu'il s'agit d'un analgésique. Ce soi-disant «effet placebo» constitue un autre exemple du pouvoir de l'esprit sur la matière.

L'anxiété qu'éprouve le patient à propos de sa douleur et de sa maladie peut être soulagée par un placebo donné par un médecin rassurant, ce qui démontre que la douleur et l'état d'esprit sont intimement reliés, et que l'attitude positive de la part du patient et du médecin peut contribuer à surmonter la douleur.

L'autoassistance dans le contrôle de la douleur

Il existe de nombreuses façons par lesquelles le patient peut faire un effort mental conscient pour contrôler sa douleur. Nous en décrivons quelques-unes.

Le conditionnement opérant

Les personnes très souffrantes attirent la sympathie et l'attention, ce qu'elles aiment inconsciemment, parce qu'elles considèrent cela comme une récompense pour leurs souffrances. Elles peuvent éventuellement utiliser leur souffrance pour obtenir des récompenses spécifiques; c'est ce que les spécialistes du comportement humain appellent un «opérant»: une chose qu'on utilise pour manipuler les autres à nos propres fins.

Le processus peut, cependant, être «conditionné» — ou stoppé — au moyen de la même technique utilisée à l'envers. En d'autres termes, les personnes qui se servent de la douleur pour demander de l'attention et des «récompenses» excédant leurs besoins doivent être ignorées jusqu'à ce que cessent leurs exigences et que leur comportement redevienne normal. Cela semble impitoyable, mais c'est ainsi que fonctionne le «conditionnement opérant»: il s'agit d'être cruel pour être bon.

Si vous reconnaissez que vous utilisez votre douleur pour obtenir des récompenses, vous pouvez vous conditionner en faisant un effort conscient pour changer de comportement; vous pouvez peut-être essayer d'avoir plus de considération pour les gens qui vous entourent, ou vous absorber dans un passe-temps qui vous plaît, ou faire du travail bénévole ou des collectes de fonds pour un organisme qui vient en aide aux personnes qui souffrent de la même maladie que vous. Si vous faites activement des efforts pour détourner votre attention de votre douleur et pour vous concentrer sur autre chose, vous serez capable de mieux la supporter.

L'imagerie curative

L'imagerie curative est une méthode d'autoassistance qui a été conçue aux États-Unis par le docteur Martin L. Rossman, qui pratique en Californie. Les patients qui souffrent d'arthrite sont d'abord invités à utiliser les techniques de relaxation pour réduire le stress et la tension musculaire, puis à susciter dans leur esprit une image de leur maladie. Ils doivent commencer par se concentrer sur une articulation malade et la comparer à d'autres, puis visualiser celle-ci comme si elle était normale.

Si l'arthrite est généralisée, le patient peut visualiser le processus de la maladie qui affecte tout son corps et imaginer que la guérison se produit. Les patients sont priés de pratiquer la relaxation profonde et l'imagerie curative pendant dix à quinze minutes au moins deux fois par jour pendant une période de trois semaines, et d'évaluer alors les progrès accomplis.

Le docteur Rossman insiste sur l'importance d'adopter un style de vie sain et de s'imaginer claire-ment «en santé, flexible, guéri et plein d'entrain». Il cite le cas d'un homme qui avait un poignet très douloureux et enflammé. L'homme a d'abord imaginé les os de ses poignets comme s'ils avaient des bords dentelés qui grinçaient les uns contre les autres en bougeant, puis il a comparé cette image à celle d'os arrondis séparés par des coussinets qui leur permettaient de bouger en douceur et sans douleur. La pratique de cette imagerie l'a aidé à soulager considérablement son malaise tandis que son poignet guérissait.

L'autoefficacité

Le terme autoefficacité vient de l'anglais *self-efficacy*; ce terme a été utilisé en Amérique au Stanford Arthritis Center pour décrire la sensation de contrôle sur leur propre vie que doivent développer les personnes qui souffrent d'arthrite. Les sentiments d'impuissance et de dépression qui accompagnent souvent la douleur persistante peuvent véritablement empirer le mal, de sorte qu'on apprenait aux patients à jouer un rôle positif dans leur programme de traitement en participant aux décisions concernant l'amélioration de leur état, en concevant leurs propres programmes d'exercices et en évaluant les diverses méthodes de traitement offertes. Ce rôle actif leur procurait le sentiment de maîtriser leur situation et leur faisait croire en leur propre efficacité, ou en leur aptitude à prendre eux-mêmes leur santé en main.

Les personnes qui suivaient ce programme jusqu'au bout ressentaient apparemment moins de douleurs, moins de dépression, leurs articulations étaient plus mobiles qu'avant, et même, après vingt mois, elles souffraient moins et consultaient leurs médecins moins souvent. Selon une théorie proposée par Albert Bandura, de Stanford, quand une personne a l'impression de maîtriser une situation stressante, son corps libère moins de *catécholamines*, des substances chimiques produites en réaction au stress qui peuvent augmenter le malaise physique.

Demandez des informations et des conseils

Si vous êtes intéressé par l'une ou l'autre de ces méthodes ou toute autre technique nouvelle susceptible de vous aider à contrôler vos douleurs, consultez votre médecin. Celui-ci devrait être en mesure de vous diriger vers un spécialiste dans les méthodes naturelles de contrôle de la douleur, qui pourrait vous apprendre à vous aider vous-même. Des conseillers en matière de soulagement de la douleur à l'hôpital le plus près de chez vous devraient également vous donner des informations et des conseils.

Pour soulager vos propres douleurs

Si vous éprouvez des douleurs persistantes avec lesquelles il vous faut apprendre à vivre, il est vital que vous essayiez de les maîtriser de manière qu'elles ne dominent pas votre vie. Le pouvoir de l'esprit sur le corps est quelque chose que vous pouvez apprendre à connaître et à utiliser.

Rappelez-vous toujours de la valeur des techniques de relaxation et de respiration profonde dans le soulagement des tensions physiques et mentales, et donc de la douleur. N'oubliez pas que les exercices modérés contribueront à soulager vos articulations raides et douloureuses, et qu'un massage délicat peut également aider.

L'application de chaleur sur une partie du corps douloureuse, au moyen d'un coussin chauffant ou d'une bouillotte, est l'une des façons naturelles les plus répandues de soulager la douleur, mais le froid peut aussi aider; les cubes de glace placés dans un sac imperméable appliqué sur la région malade peuvent réduire l'inflammation et la douleur. Si la chaleur ne donne pas de résultat, le froid peut constituer une option efficace.

Quand vous frappez votre coude contre un meuble, vous frictionnez instinctivement votre articulation meurtrie et douloureuse. C'est à partir de ce principe que fut conçu *le traitement des douleurs par électrostimulation périphérique*. Cette forme de thérapie a recours à un appareil électrique qui stimule les fibres nerveuses de la partie douloureuse en y faisant passer un courant électrique à travers la peau. Les minces fibres «C» transportent les messages de douleur au cerveau, mais les fibres «A» plus épaisses peuvent transmettre les messages plus rapidement, et quand elles sont stimulées elles peuvent bloquer les signaux de douleur moins rapides des fibres «C». C'est ce qu'on appelle la «théorie du passage contrôlé de la douleur».

Le traitement des douleurs par électrostimulation périphérique est fréquemment utilisé dans les hôpitaux; il est généralement administré par les physiothérapeutes qui ont une formation en électrothérapie, mais l'appareil peut être prescrit par les médecins de famille à leurs patients, qui peuvent l'acheter et l'utiliser à la maison. Certaines versions sont en vente libre dans la plupart des pays.

Les personnes qui éprouvent des douleurs n'ont donc pas à s'en remettre forcément aux médicaments antidouleurs, mais peuvent choisir d'utiliser des thérapies physiques et émotionnelles naturelles pour les soulager. Le fait d'apprendre que l'on peut avoir un effet positif sur sa propre santé en exerçant le pouvoir de l'esprit sur la matière est probablement ce qu'il y a de plus stimulant pour le moral.

CHAPITRE 10

Comment trouver et choisir un thérapeute en médecine naturelle

Quelques trucs pour trouver l'aide appropriée

Il n'est malheureusement pas facile de trouver le bon thérapeute. Bien que la médecine naturelle soit de plus en plus populaire et que tout le monde semble vouloir y avoir recours, la diversité, la compétion entre les groupes et les recoupements entre les thérapies compliquent la tâche dans la plupart des pays où leur popularité est à la hausse. L'objectif principal des ouvrages de la présente série est de vous aider à trouver la médecine douce qui convient à votre état, mais la tâche la plus ardue est à plusieurs égards de trouver le bon praticien, ou le bon thérapeute.

La meilleure solution est presque toujours de suivre les recommandations personnelles, qu'il s'agisse de choisir un médecin ou un praticien non médecin. Allez voir quelqu'un qui vous a été recommandé par un ami ou une personne en qui vous avez confiance. En règle générale, c'est la voie la plus sûre. Mais que pouvez-vous faire si personne n'a de bonne recommandation à vous faire? Il existe plusieurs options.

• Allez à la clinique médicale ou au centre de santé le plus près de chez vous et demandez conseil. Cela peut demander un peu de courage, et il est possible que vous n'obteniez pas de réponse très sympathique, mais cela vaut la peine d'essayer. Vous aurez peut-être même la surprise d'y trouver tout de suite la personne dont vous avez besoin, c'est-à-dire une personne qui aide à la clinique, ou vers qui des patients sont dirigés (ce qui implique, dans certains pays où il existe des services de santé d'État, une possibilité de traitements gratuits).

• Le centre de médecine naturelle le plus près de chez vous peut sans doute vous aider. Par ailleurs, il se peut que vous connaissiez un praticien de médecine naturelle qui ne vous convient pas, mais qui serait disposé à vous recommander une autre personne mieux en mesure de vous aider. Même si la recommandation personnelle demeure préférable, les thérapeutes qui se spécialisent dans les thérapies naturelles connaissent généralement les personnes qui travaillent dans le même domaine qu'eux et, ce qui est plus important, savent lesquelles sont compétentes.

• Vous pouvez obtenir les noms de centres et de praticiens privés à contacter auprès des boutiques d'aliments naturels, en consultant les annuaires téléphoniques commerciaux ou les petites annonces dans les journaux, les magazines, les bureaux d'aide sociale et les bibliothèques. Les réseaux informatiques ont également des listes.

Un excellent moyen est de vous présenter dans un centre de médecine naturelle de votre quartier où travaillent plusieurs praticiens qui exercent

---

Les dix moyens de trouver un thérapeute
- le bouche à oreille
  (généralement la meilleure méthode)
- les centres de médecine familiale de votre quartier
- les centres de médecine naturelle de votre quartier
- les boutiques d'aliments naturels de votre quartier
- les centres de remise en forme et les centres
  d'esthétique
- les groupes d'entraide pour les patients de votre
  région
- les organisations de thérapies naturelles
  (voir les pages suivantes)
- les réseaux informatiques
  (vous aurez besoin d'un «modem»)
- les bibliothèques publiques et les centres de
  renseignements
- les annuaires, les journaux et les magazines
  régionaux

---

divers types de thérapies. Les meilleurs centres ont établi un système selon lequel le patient qui sollicite leur aide sont reçus en consultation par un comité de praticiens, qui recommandent une ou plusieurs thérapies et un ou plusieurs thérapeutes. Cette approche n'est pas encore très répandue; il est possible que vous ayez de la difficulté à la trouver.

- À défaut de recommandation ou si aucun groupe de praticiens n'est disponible, la prochaine étape consiste à contacter les organisations nationales qui chapeautent les diverses thérapies et de leur demander leurs listes d'organismes ou de praticiens inscrits. Il est possible qu'elles exigent une somme d'argent pour les listes (surtout pour les timbres et l'emballage) et qu'elles insistent pour que vous indiquiez non seulement pour quel type de thérapie vous désirez obtenir des listes, mais également pour quel organisme particulier vous souhaitez avoir une liste de membres, parce que dans plusieurs pays il n'existe pas d'association reconnue pour chaque thérapie. Si vous pouvez vous le permettre, demandez-les toutes.

Les organisations de professionnels

Il est toujours bon de vérifier la formation et l'expérience d'un thérapeute professionnel, surtout quand on choisit son nom sur une liste, plutôt que de suivre la recommandation d'un ami. Cependant, le seul fait que le thérapeute soit membre d'une organisation ne constitue pas une garantie. Certaines organisations se contentent de percevoir les cotisations de leurs membres, sans vérifier leur pratique d'aucune façon.

Avant même de choisir votre thérapeute, il importe de vérifier le statut des associations particulières ou des organisations de professionnels dont vous avez les noms. Une association sérieuse devrait publier les renseignements clairement et simplement dans le même document que sa liste de membres. Peu d'entre elles semblent toutefois le faire, de sorte que vous devrez sans doute leur téléphoner ou leur écrire. Voici quelques-unes des questions auxquelles vous devriez tenter d'obtenir des réponses.

• Quand l'association a-t-elle été fondée? (De nouveaux groupes se forment constamment, et il peut être utile de savoir si l'association existe depuis cinquante ans, ou si elle a été constituée la veille.)

- Combien de personnes en sont membres? (La taille de l'association vous donnera une bonne indication de sa reconnaissance publique et de l'authenticité de ses objectifs.)

- S'agit-il d'une oeuvre de bienfaisance ou d'une fiducie de promotion de l'éducation — formellement constituée, avec un conseil élu et des comptes publics — ou s'agit-il d'une société privée à responsabilité limitée? (Les sociétés privées peuvent être secrètes et intéressées.)

- L'association fait-elle partie d'un réseau plus important d'organisations de professionnels? (Les groupes qui sont indépendants sont généralement plus suspects que ceux qui se joignent à d'autres.)

- L'association a-t-elle un code de déontologie, un mécanisme de traitement des plaintes et des procédures disciplinaires? Si oui, quels sont-ils?

- L'association est-elle apparentée à une école ou un collège particulier? (Les associations qui le sont n'ont pas toujours de système indépendant d'évaluation de leurs membres; la direction de l'association est peut-être la même que celle du collège.)

- Quelles sont les exigences à respecter pour devenir membre de l'association? (Si les membres doivent être titulaires d'un diplôme décerné par une école ou un collège particulier, les mêmes problèmes se soulèvent que pour le point précédent.)

- Les membres de l'association sont-ils protégés par une assurance de responsabilité professionnelle contre les accidents et les fautes professionnelles?

La vérification de la formation et de l'expérience

La prochaine étape consiste généralement à vérifier la formation et l'expérience du thérapeute particulier. Une liste bien préparée devrait, encore une fois, décrire l'expérience des membres et préciser ce que les initiales qui suivent le nom de chacun signifient. Encore une fois, peu semblent le faire. Il faut donc téléphoner pour obtenir ces renseignements. Voici quelques-unes des questions qu'il faut poser:

- Combien de temps dure la formation?
- La formation doit-elle être suivie à temps plein ou à temps partiel?
- La formation comprend-elle un stage supervisé?
- La formation est-elle reconnue?
- Si oui, par qui?

Le choix

Le choix définitif repose sur une combinaison de bon sens et d'intuition et sur le désir d'essayer un thérapeute particulier. Mais n'hésitez pas à revérifier quand vous en voyez un que les renseignements dont vous disposez sur lui sont conformes à ce qu'il vous dit, ni à annuler votre rendez-vous (essayez tout de même de le faire au moins à vingt-quatre heures d'avis) ou à sortir si quelque chose vous gêne, que ce soit à l'égard de la personne, de l'endroit ou du traitement. Le plus important, dans tous les cas, est de poser des questions, autant de questions que vous le voulez, et de vous fier à votre intuition. N'oubliez pas que c'est de votre corps et de votre esprit qu'il s'agit!

L'opinion de la British Medical Association

Dans le second rapport sur la pratique de la médecine naturelle en Angleterre qu'elle a publié en juin 1993, rapport qui était très attendu, la British Medical Association (BMA) recommandait à toute personne qui souhaite obtenir l'aide d'une personne pratiquant une thérapie non traditionnelle (médecin ou patient) de poser les questions suivantes:

- Le thérapeute est-il membre d'un ordre professionnel?
- L'ordre professionnel a-t-il:
  — un registre public?
  — un code de déontologie?
  — un système efficace de procédures et de sanctions disciplinaires?
  — un mécanisme de traitement des plaintes?
- Quelles sont les qualifications professionnelles du thérapeute?
- Quelle est sa formation?
- Depuis combien d'années le thérapeute pratique-t-il?
- Le thérapeute est-il protégé par une assurance de responsabilité professionnelle?

La BMA disait que, bien qu'elle aimerait que les thérapies naturelles soient réglementées et que chacune soit régie par un organisme de réglementation particulier, elle ne croyait pas indispensable que toutes les thérapies soient réglementées. Pour la majorité, selon elle, «l'adoption d'un code de déontologie, de structures de formation et d'inscription volontaire serait suffisante.»

Complementary Medicine: New Approaches to Good Practice (Oxford University Press, 1993)

L'expérience de la thérapie naturelle

Rencontrer une personne qui pratique une thérapie naturelle est une expérience très différente. Mais c'est également très naturel. Comme la plupart des thérapeutes, même dans les pays où il existe des systèmes de santé nationaux, travaillent générale-ment à leur compte, il n'y a pas d'uniforme régle-mentaire, ni de communauté de vues. Bien qu'ils soient susceptibles de partager sensiblement le même respect des principes énumérés au Chapitre 7, ils représentent toutes les conditions sociales, des plus riches aux plus pauvres, des plus à gauche aux plus à droite; ils ont autant de façons de s'habiller, de penser et de se comporter qu'il y a de modes: certains sont élégants et formels, d'autres sont réso-lument informels et «décoiffés» (quoique, pour soigner leur image, plusieurs portent maintenant des sarraus blancs pour ressembler davantage aux médecins!).

Leurs lieux de travail sont également très différents — ils reflètent leurs attitudes face à leur travail et au monde en général. Certains adoptent un style d'apparence professionnelle, c'est-à-dire qu'ils travaillent dans une clinique ou une pièce à l'ex-térieur de leur lieu de résidence, avec une réception-niste et une structure axée sur l'efficacité; d'autres par contre reçoivent leurs clients dans leur salle de séjour, entourés de plantes d'intérieur et dans leur désordre domestique. Rappelez-vous que l'image peut indiquer le statut, mais qu'elle n'est pas un gage de compétence. Il y a autant de chances de trouver un bon thérapeute qui travaille chez lui, que d'en trouver un qui travaille dans une clinique.

Certaines caractéristiques, probablement les plus importantes, sont toutefois communes à toutes les personnes qui pratiquent des thérapies naturelles.

- Elles vous accorderont beaucoup plus de temps que vous en aurez jamais avec votre médecin de famille. La consultation initiale dure rarement moins d'une heure, et souvent plus. Durant cette première entrevue, elles vous poseront beaucoup de questions sur vous-même pour vous connaître et vous comprendre et pour tenter de déterminer les causes fondamentales de votre problème.
- Vous devrez payer le temps qu'elles vous accordent et les remèdes qu'elles prescrivent, et qu'elles vendent parfois elles-mêmes. Mais de nombreux thérapeutes offrent des tarifs réduits, et parfois même renoncent complètement à leurs honoraires, dans les cas qui le méritent ou pour des personnes qui n'ont vraiment pas les moyens de payer.

Les précautions raisonnables

- La plupart des praticiens demandent des honoraires, mais aucun thérapeute soucieux de l'éthique ne demande d'argent avant les traitements, sauf pour certains tests ou médicaments particuliers, et encore là c'est plutôt inusité. Si l'on vous demande n'importe quelle forme d'«avance», demandez à savoir exactement pourquoi et, si la réponse ne vous satisfait pas, refusez de payer.
- Méfiez-vous de toute personne qui vous «garantit» la guérison. Personne ne peut le faire (pas même les médecins).

- Avant de cesser de prendre, sur les instances de votre thérapeute, des médicaments qui vous ont été prescrits par votre médecin de famille, ayez la prudence d'en discuter d'abord avec celui-ci. Les thérapeutes qui n'ont pas de formation médicale savent peu de choses à propos des produits pharmaceutiques de prescription médicale, et il peut être dangereux pour vous de cesser de prendre vos médicaments soudainement ou sans préparation.

- Si vous êtes une femme, n'hésitez pas à vous faire accompagner par quelqu'un si vous devez vous déshabiller et si cela vous permettrait de vous sentir plus à l'aise. Les thérapeutes soucieux de l'éthique ne refuseront pas une demande de cette nature, et, s'ils le font, cessez tout rapport avec eux.

Que faire si ça va mal

Si les choses vont mal, le plus important consiste à déterminer si, à votre avis, le thérapeute a vraiment fait de son mieux pour vous aider sans vous faire de mal, ni vous faire de tort. Ce n'est pas une infraction pour le thérapeute que de ne pas réussir à vous guérir (et en vérité celui-ci est probablement aussi déçu que vous l'êtes), mais c'en est une que de ne pas vous soigner convenablement et de ne pas vous traiter avec le respect professionnel qui vous est dû. Si cela devait vous arriver et que vous croyez que le thérapeute a fait preuve d'incompétence ou de manque d'éthique, voici quelques-unes des options que vous pourriez considérer.

- Si vous pensez que le thérapeute a fait de son mieux pour vous aider, mais qu'il n'était tout simplement pas assez bon, la meilleure chose serait d'en parler d'abord avec lui, pour la sécurité de ses futurs patients et dans son intérêt. Il est possible qu'il ne soit pas conscient de ses défi-ciences et que non seulement il vous soit recon-naissant de votre honnêteté constructive, mais qu'il trouve une façon de se racheter et de vous aider davantage.

Mais si la situation est plus sérieuse que cela, vous n'avez d'autre choix que de tourner la page et d'oublier l'épisode, ou de prendre d'autres mesures.

- Dénoncez-le à l'ordre professionnel dont il est membre, le cas échéant.

(Ne vous attendez toutefois pas à ce que cela provoque des changements sensationnels. Du fait que la médecine non traditionnelle appartient encore, à bien des égards, à une sous-culture non établie, et parfois même contestataire — certains l'appellent «la médecine populaire des masses» — , elle existe dans de nombreux pays dans une sorte de vide non réglementé où presque tout est permis et où il y a peu de contrôles officiels. Cela peut bien sûr avoir des avantages: les praticiens les plus habiles et les plus originaux peuvent expérimenter à leur aise, ce qu'ils ne pourraient pas faire s'ils étaient tenus de respecter des normes et des règle-ments comme les médecins. Mais cela signifie aussi qu'ils n'ont pas à subir de sanctions profes-sionnelles s'ils ne se comportent pas d'une façon que vous pourriez juger souhaitable. Même s'ils appartiennent à une association professionnelle — et, en Angleterre du moins, les personnes qui n'ont pas de formation médicale ne sont tenues d'appartenir à aucune organisation — ce type d'organisation n'a pas de pouvoir réel pour sévir contre les membres qui dérogent aux règlements. En Angleterre, si l'organisation expulse une personne de ses rangs, cette personne est libre de pratiquer selon le droit coutumier, pourvu qu'elle n'enfreigne aucune loi civile ou pénale.)

- Parlez de votre expérience à toutes les personnes que vous rencontrez, surtout à la personne qui vous a recommandé le thérapeute le cas échéant, et dites au thérapeute lui-même que vous le faites. (Mais assurez-vous que vous dites la vérité: c'est une infraction criminelle de répandre délibérément des mensonges susceptibles de nuire à la réputation de quelqu'un et de le priver de son gagne-pain.) Les praticiens qui ne soignent pas leur réputation perdent rapidement leur clientèle, et à juste titre; c'est pourquoi ils ont intérêt à se comporter de manière professionnelle, et ils le savent. En fin de compte, c'est votre seule garantie. Mais c'est également la meilleure.

- Dans les pires cas, qui peuvent se produire mais sont très rares, vous pouvez avoir recours aux lois civiles ou aux lois pénales — c'est-à-dire que vous pouvez poursuivre pour dommages et intérêts ou porter des accusations pour voies de fait. Vous pouvez soit consulter un avocat, soit aller directement à la police. Les associations de protection des consommateurs ou les bureaux d'aide sociale peuvent être en mesure de vous aider.

Résumé

En réalité, bien que la possibilité existe et qu'on la retrouve parfois concrétisée dans les gros titres des quotidiens populaires, il y a peu d'escrocs ou de charlatans dans le domaine de la médecine naturelle. En dépit du mythe, peu de thérapeutes font beaucoup d'argent, sauf ceux qui sont très occupés, et s'ils le sont il est fort probable que c'est parce qu'ils sont bons. En fait, vous avez autant de chances de trouver de mauvais praticiens dans la médecine traditionnelle et dans les rangs des thérapeutes soi-disant «qualifiés», que parmi ceux qui travaillent tranquillement à la maison sans avoir de formation particulière. Personne ne peut tout savoir, et personne, pas même les médecins, n'est obligé d'avoir 100 pour cent dans toutes les matières pour être apte à pratiquer. La perfection est une notion idéale, ce n'est pas la réalité, et l'erreur est humaine.

C'est pour cette raison que le principe le plus important qui sous-tend la collection dont le présent livre fait partie est que vous devez prendre votre propre santé en main. Prendre votre santé en main, cela signifie assumer la responsabilité des choix que vous effectuez, ce qui est l'un des facteurs les plus importants dans le succès d'un traitement, que vous l'entrepreniez seul ou par l'intermédiaire d'un thérapeute. Personne d'autre que vous ne peut choisir un praticien, et personne d'autre que vous ne peut déterminer si un praticien est bon ou non, qu'il exerce la médecine traditionnelle, une thérapie naturelle, ou les deux. Vous saurez très facilement, et probablement très rapidement, s'il est bon ou non, en étant attentif à ce que vous ressentez à son égard et à l'égard de la thérapie, et en surveillant l'évolution de votre état.

Si vous n'êtes pas satisfait de votre thérapeute ou des résultats des traitements, il vous revient de décider de continuer la thérapie ou de l'interrompre, et de continuer à changer de thérapeute jusqu'à ce que vous trouviez celui qui vous convient. Mais ne vous découragez pas si vous ne trouvez pas la bonne personne du premier coup, et surtout ne perdez jamais espoir. Il est à peu près inévitable que vous finissiez par trouver la personne qui vous convient, et votre détermination d'aller mieux est la meilleure ressource dont vous disposiez pour trouver cette personne.

Par-dessus tout, souvenez-vous que de nombreuses personnes qui se sont engagées sur cette voie avant vous ont non seulement reçu une aide supérieure à leurs rêves les plus optimistes, mais ont également trouvé un thérapeute fiable et proche vers qui elles et leur famille peuvent se tourner dans les moments difficiles, et qui est peut-être même devenu un ami pour la vie.

Adresses utiles

La liste d'organisations qui suit n'est que pour fins informatives et n'implique aucun endossement de notre part, ni ne signifie que ces organisations assument les points de vue exprimés dans cet ouvrage.

CANADA

Société d'arthrite
250, rue Bloor est
suite 901
Toronto (Ontario)
Canada M4W 3P2
Tél: (416) 967-1414

La société canadienne de rhumatologie
1560, rue Sherbrooke est
Montréal (Québec)
Canada H2L 4K8
Tél: (514) 281-6000

Association médicale holistique canadienne
700, rue Bay
P.O. Box 101, Suite 604
Toronto (Ontario)
Canada M5G 1Z6
Tél: (416) 599-0447

Association canadienne de naturopathie
4174, rue Dundas ouest
Suite 304
Etobicoke (Ontario)
Canada M8X 1X3
Tél: (416) 233-2924

QUÉBEC

Société d'arthrite Division du Québec
2155, rue Guy
Montréal (Québec)
Canada H3H 2R9
Tél: (514) 846-8840

Société d'arthrite du Québec
109, Wright, bureau 300
Hull (Québec)
Canada J8X 2G7
Tél: (819) 777-2373

Corporation des praticiens en médecines douces du Québec
5110, rue Perron
Pierrefonds (Québec)
Canada H8Z 2J4
Tél: (514) 634-0898
Fax: (514) 624-6843

Fédération québécoise des masseurs et massothérapeutes
1265, rue Mont-Royal est
bureau 204
Montréal (Québec)
Canada H2J 1Y4
Tél: (514) 597-0505

FRANCE

Association française des polyarthritiques
153, rue de Charonne
75011 Paris
France
Tél: 01.40.09.06.66

Association nationale de défense contre l'arthrite rhumatoïde
BP 7207 34086
Montpellier cedex 4
France
Tél: 04.67.47.61.76

Fédération nationale de médecine traditionnelle chinoise
73, boul, de la République
06000 Cannes
France
Tél: 04.93.68.19.33

Association Zen international
17, rue Keller
75011 Paris
France
Tél: (1) 48.05.47.43

Association française de chiropractique
102, rue du Docteur Ruichard
49000 Angers
France
Tél: 33 (2) 41.68.04.04

BELGIQUE

Union belge des chiropractors
avenue Ferdauci, 30
1020 Bruxelles
Belgique
Tél: 345-15-27

SUISSE

Association suisse des chiropraticiens
Sulgenauweg, 38
3007 Bern
Suisse
Tél: 031 450 301

INTERNATIONAL

Organisation médicale homéopathique internationale
B.P. 77
69530 Brignais
France

Index